JN316971

そうだったんだ！学校教材①

ベテラン先生直伝

漢字ドリルの活用法

教え方にコツがあるのよ！

競
徒
牧
祝
養
康

なるほど！こうやって教えればいいんだ!!

堀田 龍也 監修
学校教材活用指導法研究会 著

そうだったんだ！学校教材①

ベテラン先生直伝

漢字ドリルの活用法

目次

第3章 もっと知りたい！漢字ドリルをかしこく使う20のコツ！

第4章 そうだったんだ！学校教材の秘密〜漢字ドリル編〜

＊本書は、教育同人社発行の「くりかえし漢字ドリル」を参考にしています。

キャラクター紹介

【ゆみちゃん先生】
初任。初めて担任をもつことになり
何もかもが不安。

【ともこ先生】
教師歴25年のベテラン。なんでも
てきぱきとこなす頼れる学年主任。

【さとる先生】
教師歴16年。
マイペースでのんびり。

【さやか先生】
教師歴13年。
温和でいつも笑顔の先生。

【こうた先生】
教師歴4年。
熱血タイプの元気印。

【たかし先生】
教師歴9年。
分析派で教材研究が得意。

【えり先生】
教師歴20年。
さばさばタイプ。時々厳しい。

【ベテラン編集者】
学校教材の編集一筋22年。
似顔絵描きが得意。

第1章

なぜ、今、「漢字ドリル」の指導法に注目するのか

【東北大学大学院情報科学研究科・教授　堀田 龍也】

ドキ
丸つけ
終わらないし…
どうして
うまくいかないんだろう…
ドキ
テストやる
時間ないし…
問題
起こるし…

❶「学校教材」とは何か

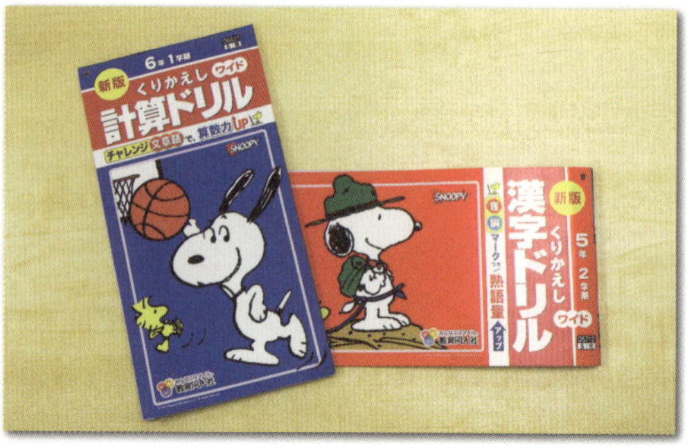

読者のみなさんは、自分が小学生の時、漢字ドリルや計算ドリルを使っていたことでしょう。その頃、漢字ドリルは赤またはピンク色の横長で、計算ドリルは青または水色の縦長だったはずです。おそらく宿題に出されていたのではないでしょうか。

漢字ドリルや計算ドリルは、読者のみなさんが小学生だった頃から、ほぼ全国で同じように使われていたのです。もちろん、学習指導要領や教科書改訂に対応し、学校現場の声を聞いて、最新の内容に毎年変更されています。しかし、装丁もページ構成も、さほど大きくは変わっていないのです。つまり、我が国の学校現場に「すっかり馴染んだ」教材ということになります。

漢字ドリルや計算ドリル、ワークテスト、資料集など、学校の授業や宿題で児童生徒が用いる教材は「学校教材」と呼ばれます。

学校教材の多くは、専門の教材出版社が学習指導要領や教科書を丹念に分析し、ピッタリ対応した内容になるよう制作されています。また、教材出版社から地域の特約代理店を経由して学校に直販する販売形態となっています。これによって、全国津々浦々の学校現場へ、間違いなく迅速に供給される仕組みが作られています。しかも市販の問題集等と比較するとかなり安価な価格設定になっています。これも取次店が少ない直販のおかげです。

年度初めに、実物の見本が学校に届きますが、これは地域の特約代理店が、各校が採択している教科書を参考にした学校教材を持ち込んでくれているのです。このことからもわかるように、教材出版社は教科書会社ごとに学校教材を制作しているのです。

日本図書教材協会によれば、学校教材は大きく3つに類別されます。

修得教材

スキルなどのワークブック、資料集など、授業中に学習内容を理解させるために用いられます。

習熟教材

漢字ドリルや計算ドリルなど、繰り返し学習することで練習量を保障し、学習内容の定着を図るために用いられます。

評価教材

ワークテストなど、学習上のつまずきを診断し、観点別の評価や指導法の改善に用いられます。

もしもこれらの教材を、先生方が自作しなければならないとしたら、どうなるでしょうか。ただでさえ多忙な学校現場は、おそらくパニックになります。

学校教材は、現場の先生方による的確な学習指導のサポートだけでなく、多忙化解消にも役立っているのです。

(参考文献) 日本図書教材協会ホームページ　http://www.nit.or.jp/

②なぜ、今、「学校教材」に注目するのか

これまで見てきたように、漢字ドリルや計算ドリルをはじめとする学校教材は、全国の小学校の教室で長い間活用され続けています。

でも不思議なことがあります。

先生方は、漢字ドリルや計算ドリルをどの時間にやらせていますか？
すべて宿題ですか？

教科書にピッタリ対応しているのだから、実は授業中にとても役立ちます。
授業で活用する場合、授業のどのタイミングで、どのぐらい使いますか？

宿題として活用している先生方も多くいると思います。
漢字練習の宿題を出している先生は、何問ずつ宿題にしていますか？

毎朝のミニテストをやっている先生方もいるでしょう。
漢字ドリルのどの範囲をテスト範囲にしていますか？

単元が終わるごとにワークテストを実施しているはずです。
その後のテスト直しはどのように指導していますか？
評価情報を自分の授業の改善にどのように役立てているでしょうか。

ここに示したような、学校教材の「活用法」は、実はあまり情報共有されていません。
先生として採用されてから、漢字ドリルや計算ドリルの指導法を教えてもらうチャンスは意外とないのです。そのため、多くの先生が我流で活用しています。

児童の基礎学力を支えているのは漢字ドリルや計算ドリルであり、これらにどのように取り組ませるかは学力保障の観点で極めて重要なことです。子どもたちの基礎学力を評価しフォローするために必要な情報を提供してくれるのはワークテストであり、先生方だけでなく保護者もワークテストの結果を大いに気にしています。しかし、これらの学校教材の活用法は、研究授業で取り上げられることもありません。

ほんとうにこのままで大丈夫なのでしょうか。これが本書を企画した動機なのです。

③若い先生方は何を悩んでいるか

若い先生方に対して、学校教材の活用に関するアンケートを行いました。実施時期は2013年11月、回答数は251件でした。回答者の内訳は、初任から5年目までの先生方が154名（61.3%）、6年目から10年目までの先生方が83名（33.1%）、11年目以上の先生方が14名（5.6%）という内訳でした。したがって、以下のデータは、おおむね若い先生方（教員経験が短い先生方）の本音だと捉えることができます。

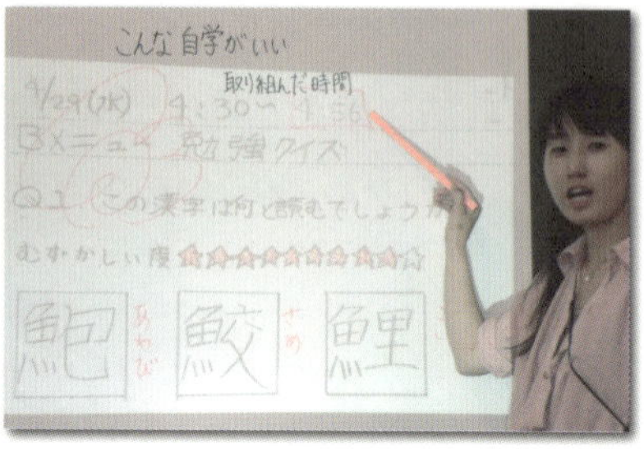
こんな自学がいい

アンケートでは、次の2つの質問をしました。いずれも自由記述です。

質問①

漢字ドリルの活用について迷っていることや困っていることを書いてください。

質問②

漢字ドリルの活用についてベテラン教師に聞きたいことを書いてください。

寄せられた自由記述を似たような回答ごとに分類し、数値化してグラフにしました。

質問①の分類結果は、図1のようになりました。

図1　「漢字ドリルの活用について迷っていることや困っていること」

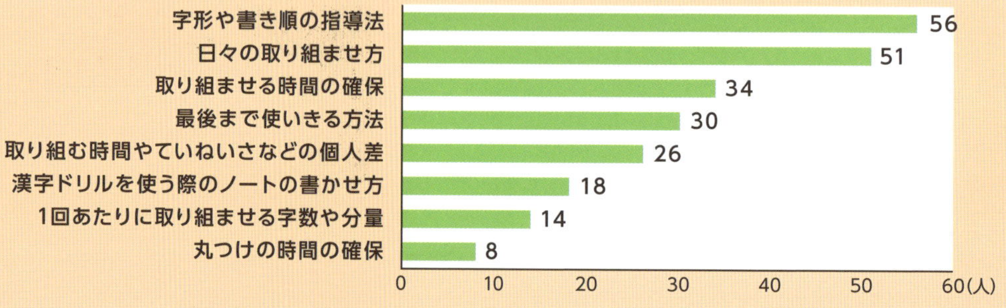
字形や書き順の指導法 56
日々の取り組ませ方 51
取り組ませる時間の確保 34
最後まで使いきる方法 30
取り組む時間やていねいさなどの個人差 26
漢字ドリルを使う際のノートの書かせ方 18
1回あたりに取り組ませる字数や分量 14
丸つけの時間の確保 8
0 10 20 30 40 50 60(人)

もっとも多かったのは「字形や書き順の指導法」56人（22.3%）でした。授業場面での具体的な指導法を悩んでいるのです。隣の教室を覗いたり、自分の小学生の頃を思い出したりしながら、見よう見まねで指導してみているものの、ほんとうにこれでいいのかと不安そうな若い先生方の表情が浮かびます。

次に多かったのは「日々の取り組ませ方」51人（20.3%）、「取り組ませる時間の確保」34人（13.5%）でした。1日のどの時間に漢字ドリルを使わせるのか、どこまでは学校で、どこからは宿題にするのか、そして多忙な1日の中でそれらの指導時間をどのように捻出するのかについて悩んでいるのです。その結果として「最後まで使いきる方法」30人（12.0%）のように、漢字ドリルを十分に活用しきれないことへの後ろめたさや、「取り組む時間やていねいさなどの個人差」26人（10.4%）のように、作業がゆっくりな児童や雑な児童に対する個別対応にも困っているのです。

質問②の分類結果は、図2のようになりました。

図2　「漢字ドリルの活用についてベテラン教師に聞きたいこと」

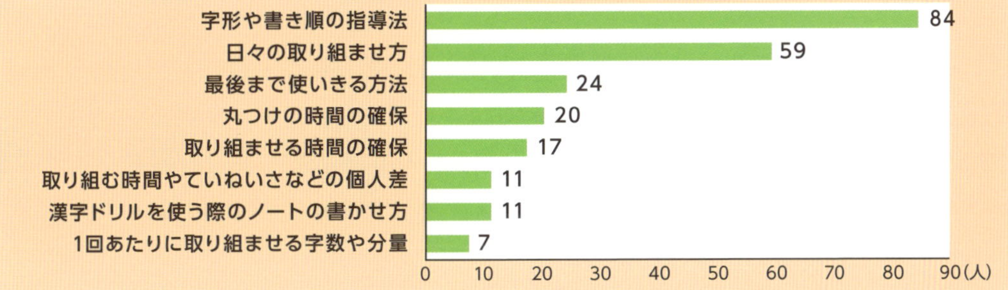
字形や書き順の指導法
84
日々の取り組ませ方
59
最後まで使いきる方法
24
丸つけの時間の確保
20
取り組ませる時間の確保
17
取り組む時間やていねいさなどの個人差
11
漢字ドリルを使う際のノートの書かせ方
11
1回あたりに取り組ませる字数や分量
7
0
10
20
30
40
50
60
70
80
90（人）

ダントツに多かったのは「字形や書き順の指導法」84人（33.5%）でした。やはり具体的な指導法を知りたがっているのです。見よう見まねで行ってきた指導を、確固たる方法に置き換えたいという熱意が読み取れます。

次に多かったのは「日々の取り組ませ方」59人（23.5%）でした。質問1と同様の順位です。1日の時間の使い方、とくに漢字ドリルに取り組ませる時間の確保のノウハウをベテランに教えてほしいと願っているのです。

では、ベテランの先生たちは、実際にどんな風に漢字ドリルの指導をしているのでしょうか。
知りたいと思いませんか。

4 ベテランのノウハウを伝えたい

ベテラン先生の学級では、漢字ドリルは日々の学校生活の中に無理なく溶け込んでいます。書き順指導の手順にも、漢字用のノートの書き方にも、その学級のきまりがあります。授業と宿題が連携していて、学校で学んだことを家庭学習で習熟できるようになっています。翌朝にはミニテストに向けて児童はがんばって勉強してきます。何より、児童が毎日の漢字の勉強を楽しいと思い、忘れずに取り組んできます。漢字ができるようになるからです。日々の努力で自分ができるようになるという体感をするからです。

同じ学校教材を使っているのに、ベテラン先生の学級と比べて基礎基本の定着に差がある…　そんな困った状況を打破するために、本書が企画されました。

学校教材の活用法には明確なコツがあります。残念ながらそれらが先生方の間で十分に共有されていないのです。児童にとっても先生にとっても、さほど負担にならない毎日の指導システム。これをみなさんにお伝えしたいのです。

しかも学校教材は、保護者が資金負担して購入していますから、その活用法や成果についての説明責任があります。

第2章は、漢字ドリルの指導法について、ベテランのともこ先生が、新人のゆみちゃん先生に伝えるという構成になっています。第3章は、新人のゆみちゃん先生がいろいろな学級の先生の指導法を聞きに行くという構成になっています。第4章は、漢字ドリルに込められたさまざまな工夫について解説しています。

本書が若い先生方の日々の指導の充実に、そして児童の学力向上に寄与することを期待しています。

第2章

こうすれば うまくいく！

ドリルを使った漢字指導10のポイント！

ビシッ
どうやって使えばいいの？
先生のやり方
教えてください！
うる
うる
これだけは絶対！
というのを教えるわね！

① 準備のさせ方

こうすればうまくいく！

「机上には必要な道具だけを置かせます」

必要な道具だけを正しく置かせることで、集中して学習に取り組ませることができます。

こうする その1　鉛筆・赤鉛筆・下敷き・定規を準備

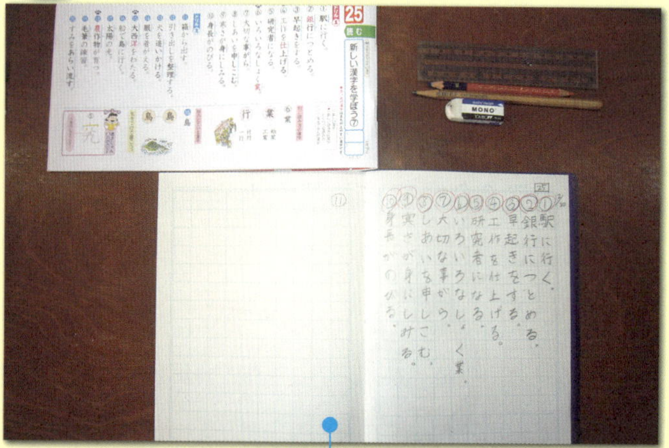

必要な道具だけを置く

- 机上には、鉛筆（2BかB）・赤鉛筆・下敷き・定規を置きます。
- 赤鉛筆は、丸付けをしたり、間違いを直したりするときに使います。
- 必要のないものは、机の中にしまっておきます。

必要な道具だけを出させることは、他の学習でも大切

こうする その2　漢字ドリルは上、ノートは下に置かせる

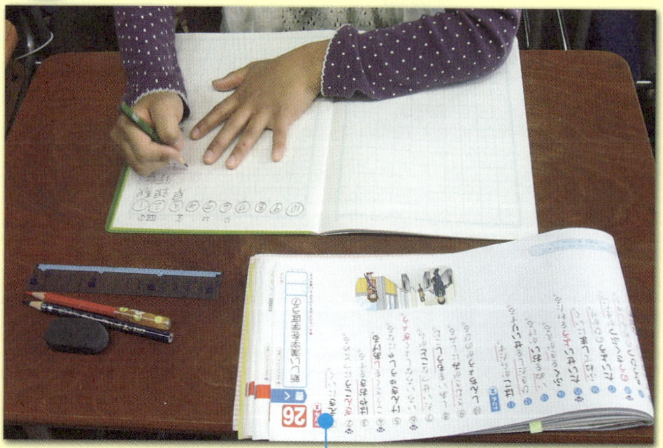

ドリルは上方、ノートは下方に

- 漢字ドリルは、ノートと一緒に机上に置いたときに、机からはみ出さない大きさを考えて作られています。
- 漢字ドリルは机の上方、ノートは下方に置くようにすると、重ならずに机上に置くことができます。

正しく置けば、視線の移動もスムーズ

もっと うまく進めるための コツ!!

コツ1 転がりにくい鉛筆を

鉛筆は、軸の断面が六角形や三角形のものを使わせるとよいでしょう。

机上に鉛筆を置いたとき、転がりにくく、落ちにくくなります。

コツ2 置き方をくわしく示す

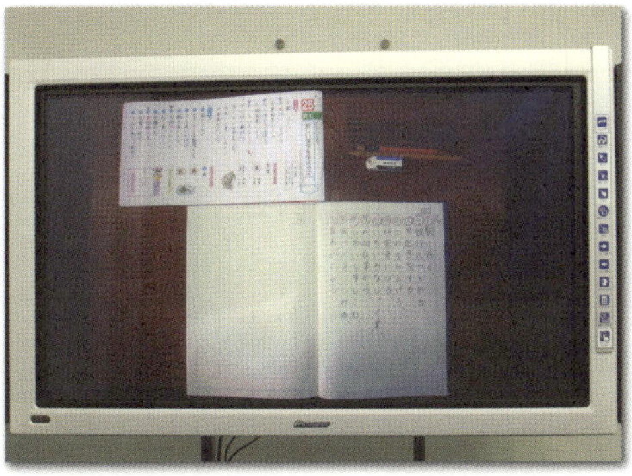

置き方を指導するときは、実物投影機で正しい置き方を示せば一目瞭然です。

正しい置き方を写真に撮ったり、絵で描いたりしたものを掲示しておくと、いつでも確かめさせることができます。

コツ3 正しく置かないと…

漢字ドリルをノートの横に置くと、鉛筆を持つ手とドリルが重なったり、ノートが机からはみ出たりします。

ドリルで確認しながらノートに書くことができるよう、正しい位置に置くことが大切です。視線の移動も、左から右に移すより、上から下の方がスムーズです。

「実物投影機」とは？

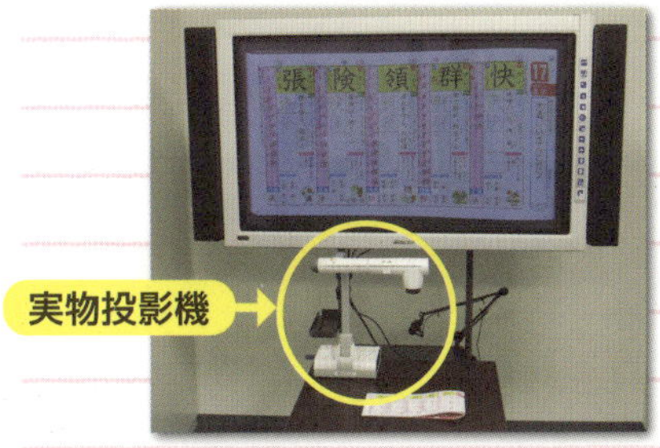

カメラの下に置いたものがそのまま映ります。

置き方まで決めるんだ！

② 授業でのドリルの使い方

こうすればうまくいく!

「授業の中にドリル学習を組み込みます」

国語の授業の中に、新出漢字の学習時間を取り入れます。毎日、同じように練習を繰り返し、「いつもやること」として、授業の中に位置づけます。

こうする その1 ＜新しい漢字＞のページは教室で使う!

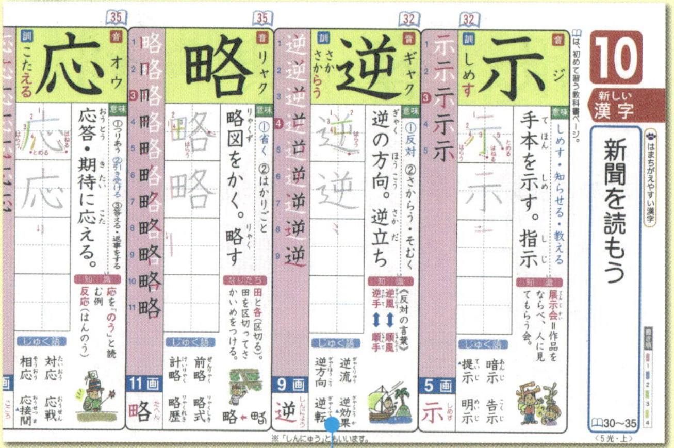
10
新しい漢字
新聞を読もう
はまちがえやすい漢字
30～35
〈5光・上〉
は、初めて習う教科書ページ。
示 音 ジ 訓 しめす
意味 しめす・知らせる・教える
手本《てほん》を示《しめ》す。指示《しじ》
知識 展示会《てんじかい》＝作品をならべ、人に見てもらう会。
しゅく語 暗示 告示 提示 明示
5画 示 しめす
逆 音 ギャク 訓 さか さからう
意味 ①反対 ②さからう・そむく
逆《ぎゃく》の方向《ほうこう》。逆立《さかだ》ち
知識 《反対の言葉》 逆風⇔順風 逆手⇔順手
しゅく語 逆流 逆効果 逆方向 逆転
9画 逆 しんにょう
※「しんにゅう」ともいいます。
略 音 リャク
意味 ①省く ②はかりごと
略図《りゃくず》をかく。略《りゃく》す
なりたち 田と各（区切る）。田を区切ってさかいめをつける。
しゅく語 前略 計略 略式 略歴
11画 略 たへん
応 音 オウ 訓 こたえる
意味 ①つりあう ②引き受ける ③答える・返事をする
応答《おうとう》・期待《きたい》に応《こた》える。
知識 応を「のう」と読む例 反応（はんのう）
しゅく語 対応 相応 応戦 応接間

マークの意味を意識させる

- ＜新しい漢字＞のページには、読み方、書き順のほか、画数や部首、意味、とめ・はね・はらいなどが示されています。
- 間違えやすいところには、マークがついています。子供と一緒に確かめます。
- 子供の実態や宿題の形式に合わせて、使い方を決めて指導します。

➔ ＜新しい漢字＞のページ P.60

何がどこに書いてあるか よく見て、有効活用!

こうする その2 授業の初めの5分間で使う!

授業の準備の一つにドリルも入れる

- 授業の初めの5分間を、新出漢字の学習または漢字テストの時間として位置づけます。
- 授業が始まるときには、漢字を学習する準備を整えておき、漢字の指導が終わったら、ドリルや漢字練習用ノートはしまいます。

「いつものやり方」を 定着させるとスムーズ

もっとうまく進めるためのコツ!!

コツ1 1日に教える文字数を決めて

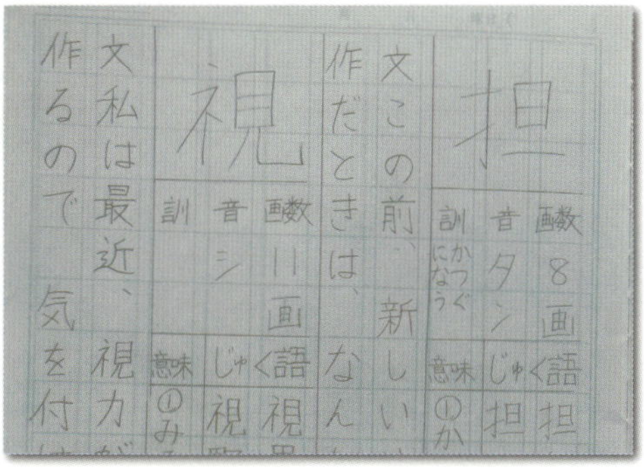

大切なのは「方法を決めて」「いつも」取り組むことです。

1日1文字でも2文字でも構いません。
方法が同じなら、子供たちはやるべきことが予測でき、効率的に学習が進みます。

コツ2 新出漢字との出会いを大切に

＜新しい漢字＞のページにある情報を活用して、漢字への興味・関心を高めましょう。

熟語の意味を辞書で引かせたり、ドリルには出ていない熟語を考えさせたりすることも漢字への興味を高める手立てになります。

コツ3 ここを映して指導する

実物投影機でドリルを大きく映します。

形をしっかり覚えさせるなら、大きな文字を。はねやはらいに着目させるなら、なぞり書きの1文字目を映します。子供と同じドリルを映すことで、指導がしやすく、子供も理解しやすくなります。

コツ4 毎日の繰り返しを大切にする

毎日、繰り返して学習を継続できるようにします。

朝の会や帰りの会を活用してもよいでしょう。
いつも同じやり方で行うことで、子供たちだけでも進められるようになります。

「毎日」「同じやり方で」「続ける」ことが大切なのね！

③ 空書きのさせ方

こうすればうまくいく!

「全員で正しい書き順を確認します」

一斉に空書きをさせることで、正しい書き順で書けているかどうかをその場でチェックします。

こうする その1 声に出して覚えさせる

みんなで声を合わせて

- 新出漢字の書き順を教えるときには、空書き*をさせます。
- ドリルを使って書き順を確認した後、人差し指を出し、全員で声を出しながら顔の前で書かせます。
- 肘は曲げず、腕をピンと伸ばして書かせます。

顔の前に30cm四方のマスがあるつもりで

こうする その2 一文字を大きく見せて教える

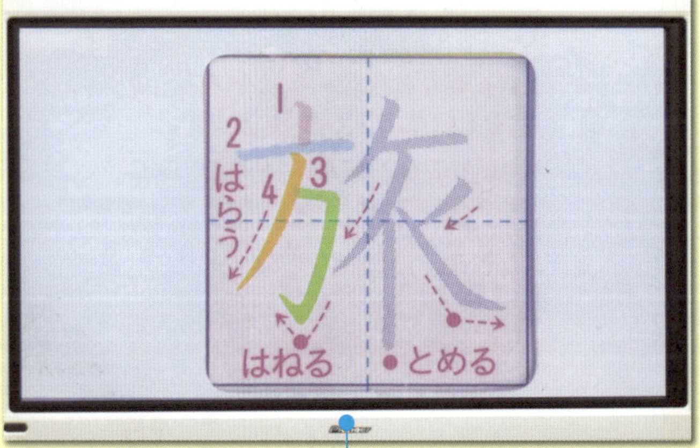

画面いっぱいに大きく映す

- <新しい漢字>のページにあるなぞり書きの1文字目は、書き順が色分けされて示してあります。
- 書き順に従って色が決まっており、子供たちにも分かりやすいので、この文字を拡大して示します。
- 余分な部分を隠すと、子供たちも集中します。

『漢字マスクシート』を使うと、簡単に隠せます

➡『漢字マスクシート』P.71

もっと うまく進めるための コツ!!

コツ1 先生は鏡文字で

書き順を教えるとき、2回目以降は先生は鏡文字で空書きをします。

子供たちと向き合うことにより、正しく書けているかどうかをすぐにチェックすることができます。

コツ2 短い時間で何度も空書き

空書きを2回くらい行うと、ほとんどの子供は字形や書き順を覚えます。

目をつぶって空書き、窓の方を向いて空書きなど、変化をつけて繰り返し空書きをさせます。

コツ3 画《かく》に合わせて唱える

折れのところは、書く速さに合わせて「イーチ」「ニーイ」と伸ばして唱えます。

はねやはらいの時も同様です。書く行為をイメージさせながら発音させることで、子供たちに折れ・はね・はらいなどを意識させることができます。

コツ4 五感を使うとより覚えられる

書き順を覚えるときには、体のいろいろな部分を働かせると、より効果的です。

お手本の字を見て、書き順を声に出して唱えながら、指で大きく空書きなど、五感を使ってしっかり覚えさせましょう。

＊空書き・・・書き順に合わせて空中で字を書く練習の方法。

ドリルやノートに書く前に、
空書きで確認することが
大切なのね！

準備のさせ方
授業でのドリルの使い方
空書きのさせ方
なぞり書きのさせ方
読む練習のさせ方
書く練習のさせ方
毎日の宿題の出し方
宿題のノートの書かせ方
ノートのチェックの仕方
漢字テストの仕方

④ なぞり書きのさせ方

こうすればうまくいく!

「決してはみ出さないように声かけをします」

「1ミリもずれないようになぞります」と指示し、正しい字形になるようになぞらせることが大切です。

こうする その1

ドリルを体の前にまっすぐに置かせる

姿勢に注意させる

- 漢字ドリルに書きこませるときには体の前にドリルをまっすぐに置かせます。
- 体が前かがみになりすぎないよう姿勢を意識させることも大切です。
- 「1ミリもずれないように」と声をかけ、丁寧に書かせましょう。

正しい姿勢で
丁寧に書かせます

こうする その2

きちんとけずった鉛筆を使って

丁寧に取り組ませる

- <新しい漢字>のページには、なぞり書きができるスペースがあります。
- 漢字の形をとらえるために丁寧になぞり書きをさせます。
- 薄く書かれた文字の上をずれないように書くために、きちんとけずった鉛筆を使わせましょう。

鉛筆をけずる習慣を
つけさせます

もっと うまく進めるためのコツ!!

コツ1 書き順に迷ったらここを見る

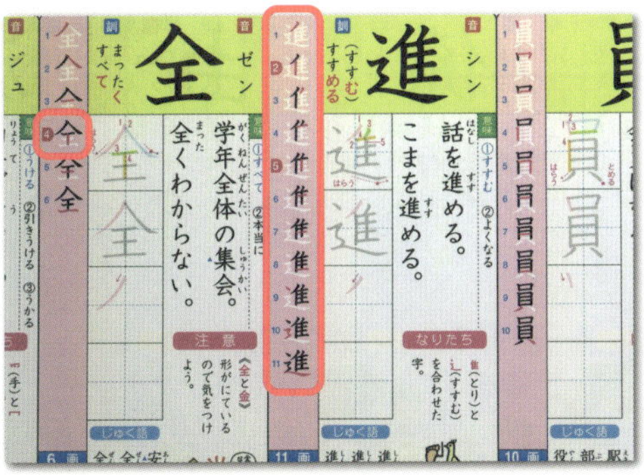

練習しているときに書き順に迷ったら、すぐドリルで確かめさせます。

間違えやすいところ、迷いやすいところには赤いマークもついています。

コツ2 4文字を比べさせて

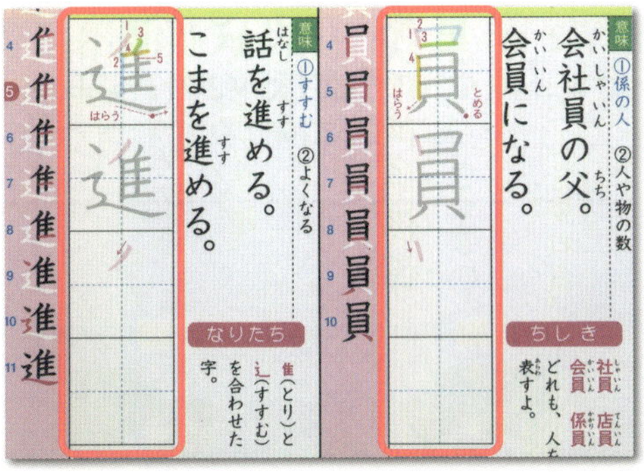

ドリルには書きこむマスが4カ所あります。

文字が薄く書かれているマスでは、特にずれないようになぞれているかチェックします。下のマスには文字が書かれていないので、上のマスと同じように書けているか比べさせましょう。

コツ3 書き順を唱えながらなぞる

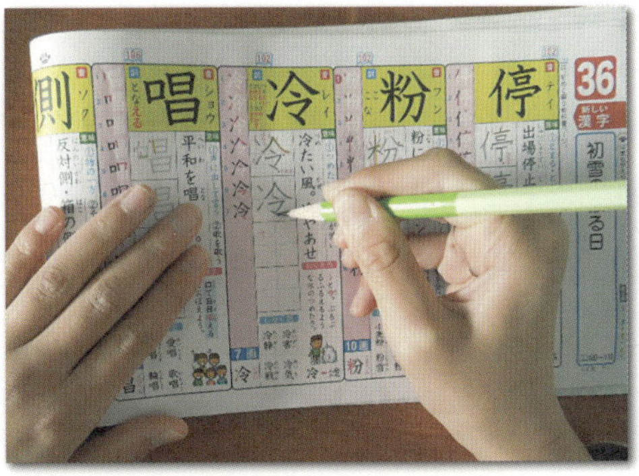

なぞり書きをするときも、心の中で書き順を唱えながら書かせます。

「イーチ」「ニーイ」と繰り返すことで、書き順や折れ、とめ・はね・はらいなどがしっかり覚えられます。

コツ4 机間指導で姿勢をチェック

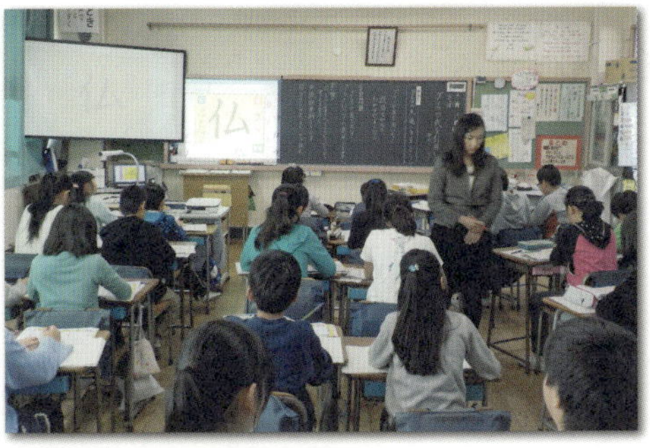

子供たちは真剣になると、つい書く部分に目を近づけてしまい、背中が丸くなりがちです。

背すじをピンと伸ばす、足の裏を床にピタッとつける、鉛筆を正しく持つなど、机間指導しながら声かけをしましょう。

合言葉は
「1ミリもずれないように」ね!

⑤ 読む練習のさせ方

こうすればうまくいく!

「声に出して読むことで覚えさせます」

漢字の音読み・訓読み・熟語や＜読む＞のページなどは、大きな声で読ませましょう。目で見て、声に出し、自分の声と友達の声を聞くことで、漢字の読み方を覚えさせることができます。

こうする その1 教師が範読した後、全員で

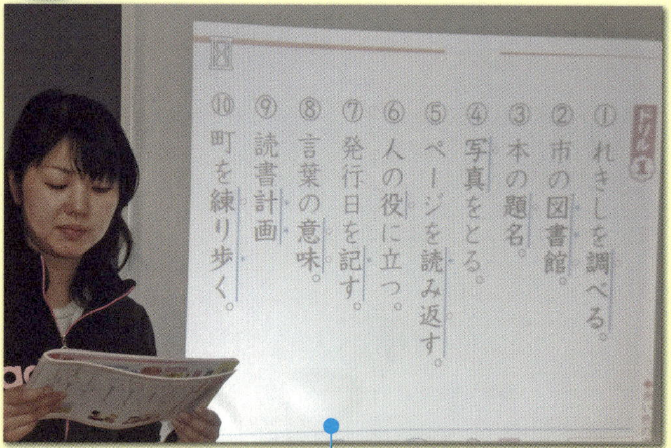
ドリル1
① れきしを調べる。
② 市の図書館。
③ 本の題名。
④ 写真をとる。
⑤ ページを読み返す。
⑥ 人の役に立つ。
⑦ 発行日を記す。
⑧ 言葉の意味。
⑨ 読書計画
⑩ 町を練り歩く。

ページを提示しながら範読する

- 子供たちには、教師の範読の後に、全員で声をそろえて音読させます。
- 5問ごとに区切って読む、太字のみ読む、全文を読むなど、声に出させることが大切です。

➡ ＜読む＞のページ P.62

間違えやすい読み方は、特に念入りに!

こうする その2 指示棒で指したところを読ませる

③ 習慣のちがい。
④ 簡潔に表現する。
⑤ 用件を伝える。
⑥ 体験に似た効果。
⑦ 他者の評価。
⑧ 山菜を採る。
⑨ クラスが団結する。

指示棒にしっかり注目!

- 教師が指示棒で指したところを読ませます。
- 次のようにバリエーションをつけ、楽しく音読できるようにします。
  - ・番号順に指す
  - ・逆（左）から指す
  - ・ランダムに指す
  - ・1つとばしに指す
  - ・フェイントをかけて指す

初めは順序よく、読めるようになったらバリエーションをつけて

もっと うまく進めるための コツ!!

コツ1 読む練習のバリエーション

読む練習は、短時間でテンポよく行うことが大切です。

教師と子供が交互に読む、男女別に読む、ペアで読む、一人ずつ読む、班ごとに読む、列ごとに読む。これらを活用して、バリエーションをつけて読ませましょう。

コツ2 <読む>のページを活用

<読む>のページをテストの問題として活用します。

実物投影機で拡大提示すれば、読み方を確認するテストをしたり、一人ずつ順番に読ませたりすることもできます。

コツ3 「読みかえ」のページも活用

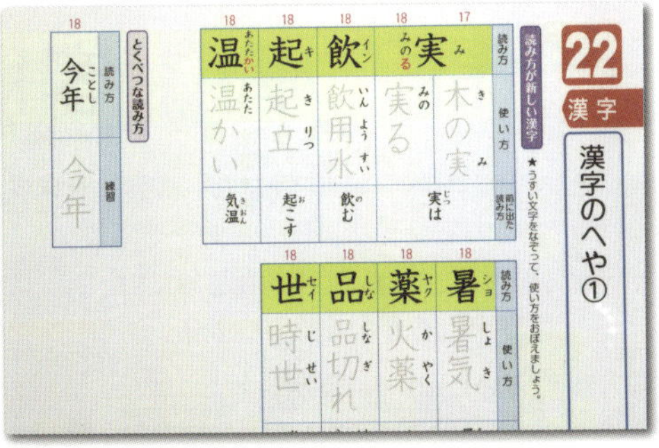

新しい読み方や特別な読み方の定着を図るために、「読み方が新しい漢字」を活用しましょう。

読み方だけでなく、使い方や前に習った読み方も確実に押さえた指導ができます。

コツ4 フラッシュ型教材*はお助けグッズ

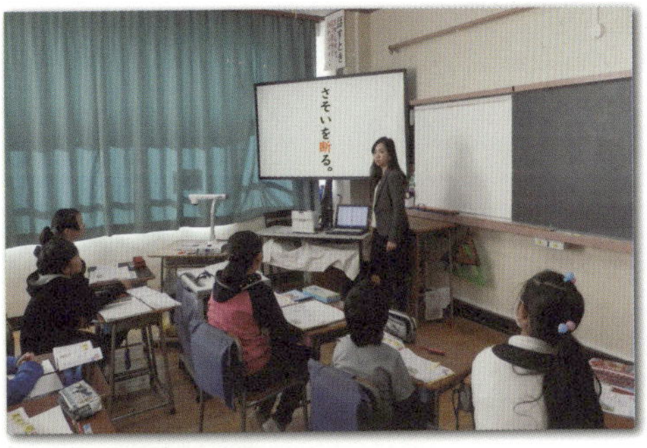

スライドを見ながら読むので、子供たちの視線は上がり、声がよく出るようになります。

教師は、子供の表情を確認しながら読みの練習をさせることができます。

*フラッシュ型教材・・・フラッシュ・カードのように課題を瞬時に次々と提示するデジタル教材。

⑥ 書く練習のさせ方

こうすればうまくいく！

「よく見て、正しく練習させます」

<読む>のページと<書く>のページの使い方を教え、正しい字形で練習させます。丁寧に取り組ませることで、しっかりと定着させます。

こうする その1 <読む>のページをよく見て練習する

よく見て正しく書かせる

- はじめは、<読む>のページを見ながら練習させます。
  正しい字形を意識して丁寧に書かせます。
- とめ・はね・はらいなどの細かい部分や、送り仮名にも気を付けさせます。

丁寧に！正しい字形で！

こうする その2 <書く>のページを使って練習する

テストのつもりで取り組ませる

- <書く>のページを見ながら練習させます。
  文の中で使えるように一文をそのまま書かせたり、新出漢字の部分だけ取り出して書かせたりします。
- <読む>のページを見て、正しく書けているかどうか確認させます。
  自分で確認することで、間違いを意識しやすくなります。

➔ <書く>のページ P.63

正しく書けているか
確かめる習慣をつけさせます

もっと うまく進めるためのコツ!!

コツ1 教師が見本を示す

ノートを使った練習の仕方は、最初に教師が見本を示します。

実際にノートに書き込む様子を実物投影機で拡大提示して見せたり、ノートの書き方の手引きを作り、それを見せながら説明したりします。

コツ2 よいノートを見せる

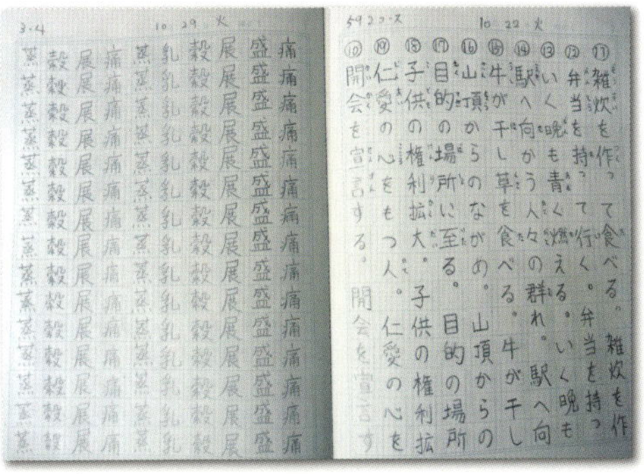

丁寧に練習している子供やノートの使い方が上手な子供のノートを、よいモデルとして紹介しましょう。

子供の目の触れる場所に置いておいたり、コピーして掲示したりします。実物投影機で見せながら、ポイントを説明する方法もあります。

コツ3 マークの意味を教える

18
書く
はまちがえやすい漢字
学級とうろんかいをしよう
伝えにくいことを伝える
◆赤い色の字はまちがえやすい漢字です。
一もん10点
1.
2.
〈6光・I〉
ドリル1
①とうろんかいをする。
②こうていとひてい。
③かいけつさくがみつかる。
④やくわりをぶんたんする。
⑤むずかしいほんをよむ。
⑥まんがはのぞく。
⑦はなしのすじみち。
⑧ながれにそうはつげん。
⑨えいがをたのしむ。
⑩もえるごみせんよう。
ドリル2
⑪びんをすてる。
⑫となりのはんのひと。
⑬ざせきをゆずる。
⑭たけをわる。

<書く>のページに使われている色の違いやマークを意識させます。

間違えやすい漢字には特に注意をさせます。
前学年までの漢字もよく見て振り返らせましょう。

<書く>のページの使い方を教えると、自分で学習する姿勢につながるのね！

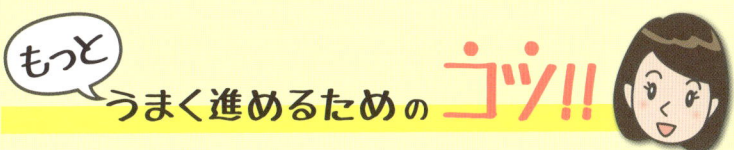

⑦ 毎日の宿題の出し方

こうすればうまくいく!

「自分で学習できるようにさせます」

宿題は学習内容の定着だけでなく、家庭学習の習慣を身に付けさせるねらいがあります。漢字ドリルは、子供が一人で学習できるように工夫されています。

こうする その1 時間と量の目安を示す

Project☆60
中学校に向けての準備です。
家庭での60分間、しっかりと学習習慣を身につけよう
6年 3組 (　　)
水
曜日

6年生なら60分が目安

- 時間は学年×10分が目安です。
- 学校全体で学年に応じた学習時間を示すことが望ましいです。
- 宿題の内容は、学年で話し合って決めます。
- 子供が一人でも学習できるようにすることが大切です。

目標は具体的な数字で示します

こうする その2 毎日同じパターンで出す

★宿題の予定★

	7日	8日	9日
	月	火	水
宿題	漢字練習 将・認 計算ドリル 7 日記	漢字練習 呼・吸 計算ドリル 8 日記	漢字練習 収・存 計算ドリル 10 日記

パターンを決めて出す

- 宿題は「決まっている」ことが大事です。
- 家庭での学習習慣を身に付けさせるには、毎日同じパターンで宿題を出します。
- 例えば、漢字ドリルで漢字の練習、計算ドリル1ページ、日記の3種類、というように決めて出します。
- 高学年は、これに加えて自主的な学習に取り組ませることもできます。

毎日同じパターンで習慣づけます

もっとうまく進めるためのコツ!!

コツ1 学年の初めに確認

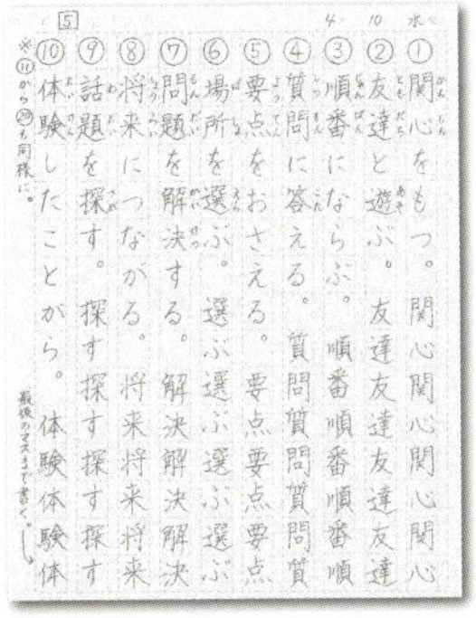

学年の初めに
宿題のやり方を指導します。

例えば、漢字の練習の仕方を教師が示し、印刷したものをノートの裏表紙に貼らせます。年度初めの保護者会で話題にすることも大切です。

コツ2 「宿題の約束」を配布

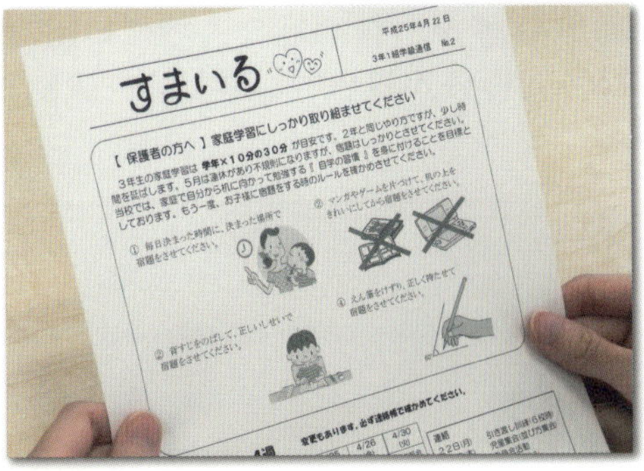

宿題をする際に注意することを
指導しましょう。

時間を決めて取り組む、テレビを消す、机の上を片付ける、宿題をしながら食べたり飲んだりしないなど、保護者の方にも理解していただきます。

コツ3 学年で話し合って決める

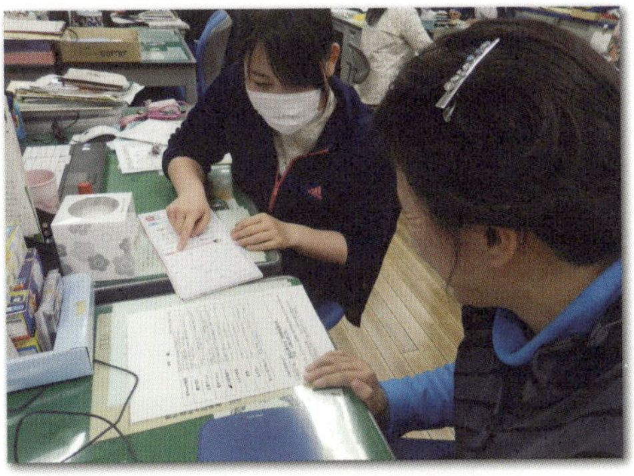

宿題の内容は、学年主任を中心に
学年で話し合って決めます。

やり方についてもそろえましょう。子供たちの取り組みについて定期的に話題にすることで、学習の定着を確かめましょう。

コツ4 子供自身がチェックするシステム

月日	教科・内容	自己評価	先生から
5/7（月）	漢字2文字（脳～層）	◎	OK!
	計算ドリル[8] 1回目	○	
5/8（火）	漢字2文字（背・存）	◎	OK!
	計算ドリル[10] 1回目	◎	
5/9（水）	漢字2文字（奮・域）	◎	OK!
	漢字用ノート（回、1回）	◎	
	計算ドリル（[10] 2回目）	◎	
5/10（木）	漢字2文字（劇・延）	◎	OK!
	計算ドリル[11] 1回目	◎	

毎日の宿題の取り組みを
簡単に記録させます。

取り組んだ内容、時間などを記入したものを教師は点検します。

同じパターンを繰り返すことで、自分で学習する習慣がつくのね！

⑧ 宿題のノートの書かせ方

こうすればうまくいく！

「やり方が決まっていることが大切です」

宿題は教師がいないところで取り組みます。子供たちが迷うことのない分かりやすいやり方を決めることで、安心して取り組むことができます。

こうする その1 新出漢字を練習させる

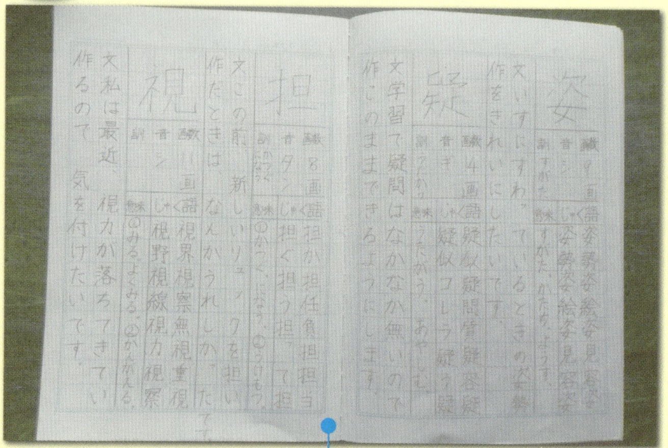

はじめにやり方を決めて指導する

- 1日に練習する文字数を決めます。
- 新出漢字の反復練習だけではなく、読みや熟語なども書かせるようにします。
- ドリルのどの情報を活用して書かせるか、やり方を決めて取り組ませましょう。

子供の実態に合わせてやり方を決めます

こうする その2 ドリルの文の通りに練習させる

最後のマスまで書く

- はじめは、＜読む＞のページを見ながら練習させます。
- 覚えたかどうか確かめるときは、＜書く＞のページを見ながら練習させます。
- ドリルの文の通りに一文を書き、余ったマスには漢字を練習させます。

ノートのマスを余らせない

もっと うまく進めるための コツ!!

コツ1 日付やドリル番号を書かせる

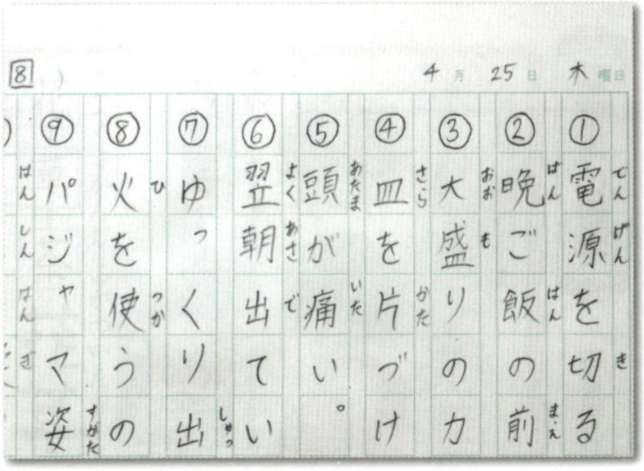

8
4月 25日 木曜日
① 電源を切る
② 晩ご飯の前
③ 大盛りの力
④ 皿を片づけ
⑤ 頭が痛い。
⑥ 翌朝出てい
⑦ ゆっくり出
⑧ 火を使うの
⑨ パジャマ姿

ノートの外枠に学習した日付や
ドリル番号を忘れずに書かせます。

ドリルの文の通りに練習させるときは、問題の番号を必ず書かせます。決まった書き方で練習させることで、教師も点検がしやすくなります。

コツ2 <読む>のページを見て答え合わせ

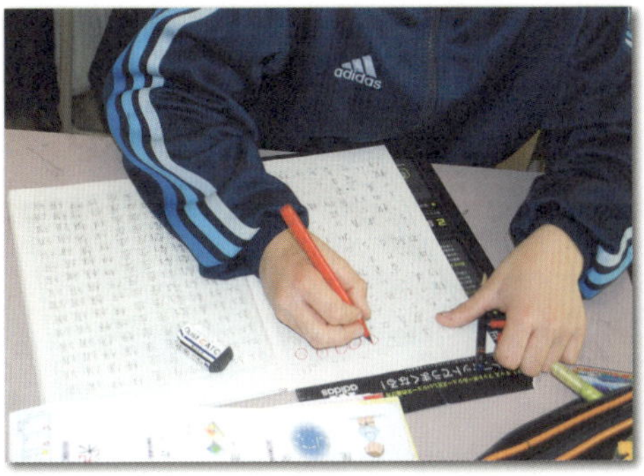

<書く>のページで練習ができたら、
<読む>のページで確認させます。

提出前に自分で間違いを見つけたときは、赤で直すのではなく、消しゴムで消して正しい文字に直してから提出させます。

コツ3 10問を3日サイクルで

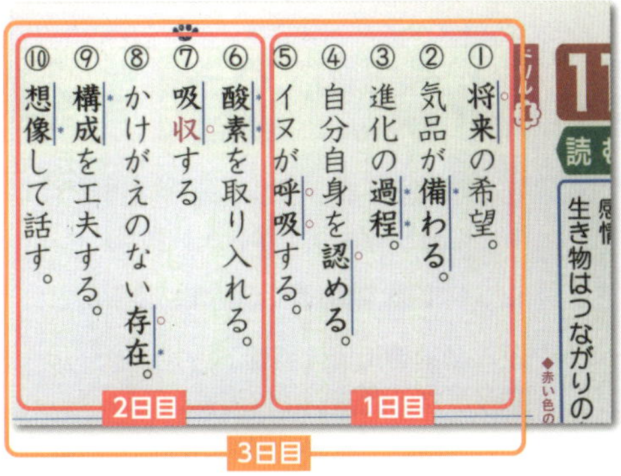

① 将来の希望。
② 気品が備わる。
③ 進化の過程。
④ 自分自身を認める。
⑤ イヌが呼吸する。
⑥ 酸素を取り入れる。
⑦ 吸収する
⑧ かけがえのない存在。
⑨ 構成を工夫する。
⑩ 想像して話す。
1日目
2日目
3日目

1日目に①～⑤を、2日目に⑥～⑩を
宿題にします。

慣れてきた3日目には、①～⑩を宿題にします。10問を3日サイクルで練習させ、確実な定着につなげます。

コツ4 低学年に合ったノートで

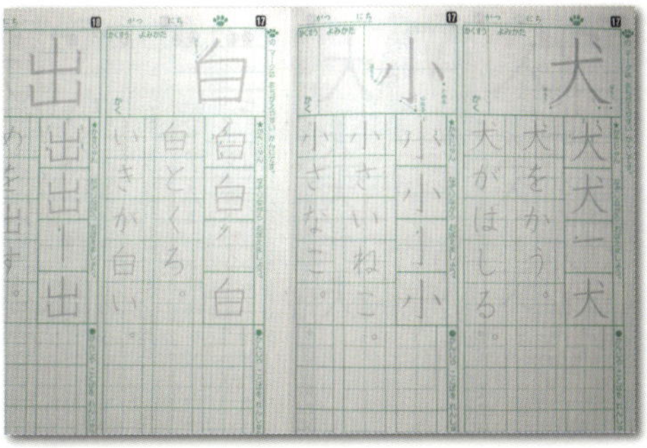

漢字ドリルの使い始めは、ノートの書き方を
徹底させるのに時間がかかります。

特に入門期の低学年は、マスの数や書く回数などに配慮しましょう。初期指導には『漢字ドリルノート』を使うことも有効です。

➔『漢字ドリルノート』P.68

やり方が決まっているから、自分でできるようになるんだ！

⑨ ノートのチェックの仕方

こうすればうまくいく!

「その日のうちにチェックします」

取り組んだその日が、子供たちにとって、自分の間違いを直しやすい日です。すばやく、効率的にチェックして、返却することを心がけましょう。

こうする その1 徹底するのは、とめ・はね・はらい

細かいところまでチェック

- 漢字の宿題のノートは、教師が点検します。
- 文字や送り仮名の間違い、字形やバランスだけでなく、とめ・はね・はらいなどの細かいところまでしっかりとチェックします。
- 正しく、丁寧な字を書いている子供は、取り組み方を高く評価します。
- 全体的に間違いの多かった漢字については、改めて指導することも必要です。

継続して声をかけ続けることが大切

こうする その2 教師のチェックは記号を決めて

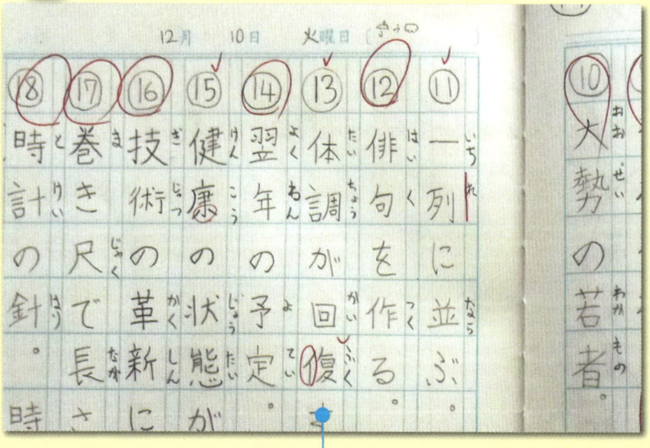

一目で分かるようにチェックを

- どこが間違っているのか、子供たちがすぐに分かるように赤を入れます。
- シンプルに、効率よく示しましょう。
- 読みの間違いには実線、送りがなの間違いには波線、とめ・はね・はらいの間違いは丸で囲むなど、記号を決めてチェックをします。

子供自身が間違いを確認しやすくなります

もっと うまく進めるためのコツ!!

コツ1 宿題のページを開いて提出

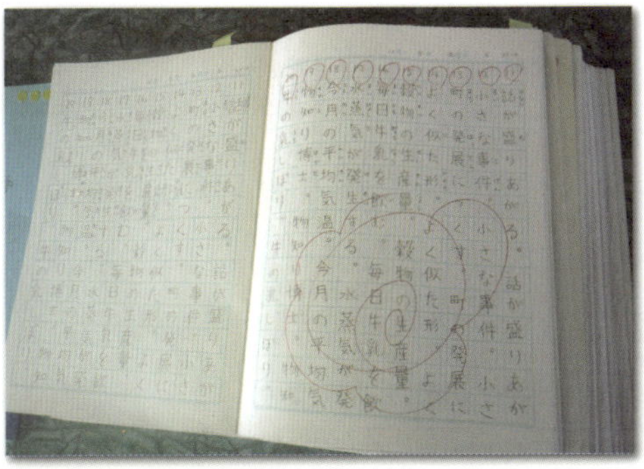

所定の場所に、宿題のページを開いて提出させましょう。

続けて丸つけをすることができ、作業の効率が上がります。年度初めに、宿題の提出の仕方を習慣づけるとよいでしょう。

コツ2 集めたノートをすばやくチェック

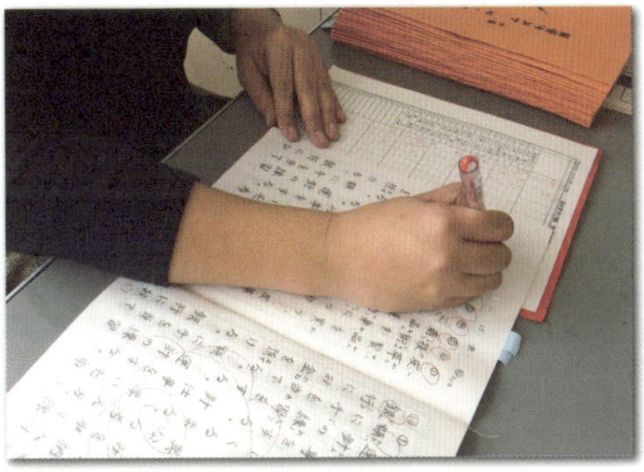

ノートは、すき間時間を使って、すばやくチェックします。

内容をチェックすることに専念するために、宿題の提出の有無は、係活動として子供たちにチェックさせるのも一つの方法です。

コツ3 付箋を貼って、間違いを分かりやすく

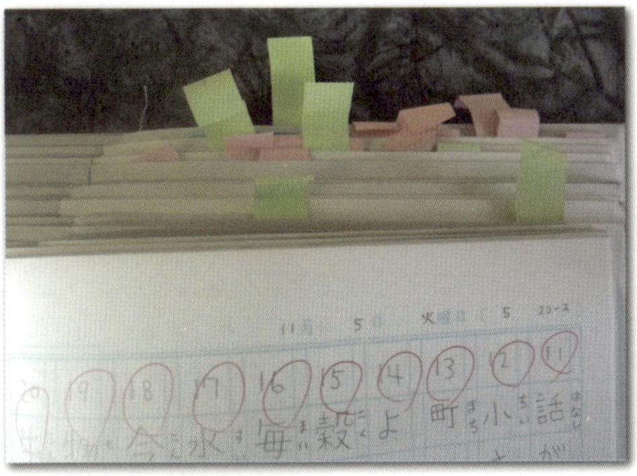

付箋を貼っておくと、ノートを閉じて返却しても、間違いのあったページがすぐに分かります。

子供が直しやすいだけではなく、教師もチェックするのに便利です。

コツ4 間違いを直す習慣を

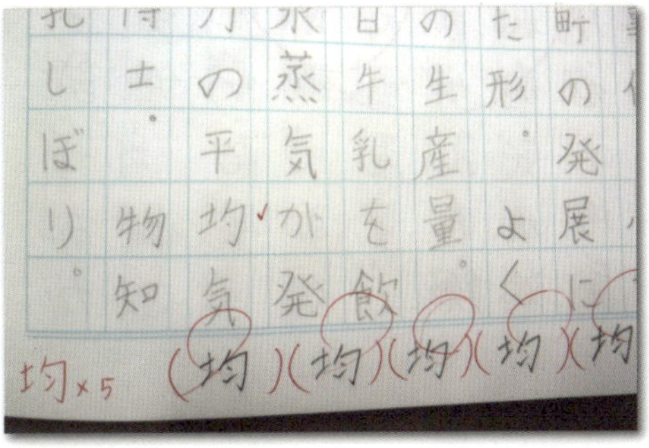

間違いは、その日のうちに必ず直す習慣を身に付けさせましょう。

間違えた漢字の横に赤で書き直させる方法、ノートの余白に練習させる方法などがあります。

すぐにチェックして子供に返すことが大切なのね！

準備のさせ方
授業でのドリルの使い方
空書きのさせ方
なぞり書きのさせ方
読む練習のさせ方
書く練習のさせ方
毎日の宿題の出し方
宿題のノートの書かせ方
ノートのチェックの仕方
漢字テストの仕方

⑩ 漢字テストの仕方

こうすればうまくいく!

「テストは決まったサイクルで行います」

これまでの漢字学習で、どの程度漢字を身に付けることができているかを確かめます。1ページずつ、半ページずつ…いろいろな方法がありますが、決まったサイクルで行うことが大切です。

こうする その1 <書く>のページをそのまま問題にする

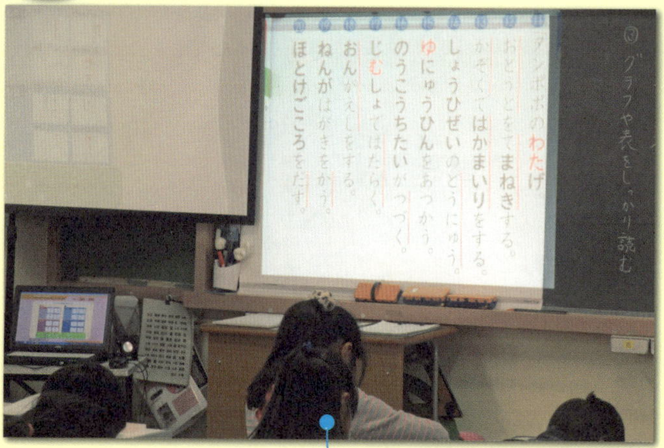

実物投影機で映すと便利

- <書く>のページを使ってテストをします。
- 実物投影機があれば、映すだけでテストができます。
- 黒板に問題を書き写す、各自でドリルのページを見る、などの方法もあります。

答え合わせには、<読む>のページを使います

こうする その2 少しずつ分けて行う

子供自身で丸つけを

- 3年生以上は、10問でひとまとまりです。
- 定着しにくいと感じる場合は、5問ずつに分けてテストをしましょう。1日目に5問、2日目に5問とサイクルを決めて行います。
- 5問テストのときは、子供自身に丸つけをさせます。
- 自分で丸つけをすることで漢字の正しい形をとらえる目を養うことができます。

テストは1回だけでなく、繰り返し行うことが大切

もっとうまく進めるためのコツ!!

コツ1 短い時間で効率よく

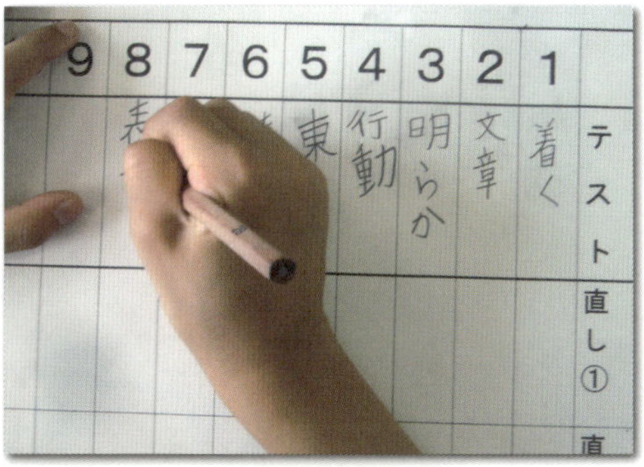

新出漢字（太字）の部分だけを書かせる方法もあります。

単語でテストをすることによって、短い時間で効率よくテストをすることができます。

コツ2 テスト用紙の工夫

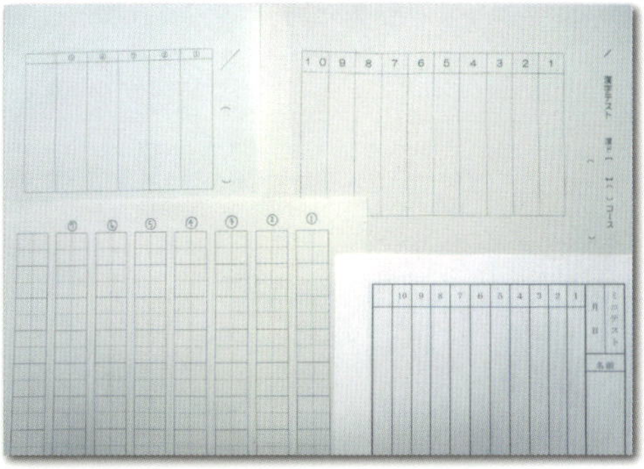

各学年の問題数に合わせて、漢字テスト用紙を用意しておくと便利です。

高学年は縦罫線の用紙を使用します。低学年は、文字のバランスや大きさを意識させるために、マスのある用紙を用意するとよいでしょう。間違い直しをする欄がある用紙も便利です。

コツ3 教師がチェックするのは

子供たちの間違いの傾向をチェックし、間違いの多い漢字は、もう一度全体指導します。

評価として扱うテストは、教師が丸つけをします。一人ひとりの漢字の定着をチェックし、不十分な場合は個別指導します。

サイクルを決めて繰り返すといいんだ！

学校教材活用指導法研究会　実践レポート①

コラム

「くりかえし漢字ドリルの活用」

笠原晶子先生
群馬県前橋市立
荒牧小学校
6年担任
（2月現在）

くりかえし漢字ドリルの活用

実物投影機を使ってドリルをスクリーンに映す

新出漢字の指導は、「くりかえし漢字ドリル」を使っています。ドリルの漢字を大きく実物投影機で映して読みや部首などを確認した後、書き順を一緒に唱えながら空書きをさせます。スクリーンを見ることで子どもたちの姿勢がよくなり、どの子も大きな声で書き順を唱えながらしっかり書くことができます。字形や書き順がほぼ覚えられたら子どもたちだけで空書きをさせたり、目をつぶって空書きさせたりして確実に覚えさせます。最後に自分のドリルに1文字なぞらせて1つの字の指導が終わります。このとき、「1ミリもずれないように書くんだよ」と声をかけると子どもたちはとても丁寧になぞりますよ。

宿題を出して翌日ミニテスト毎日行うのがポイント

毎日漢字練習の宿題を出していますが、ドリルには新出漢字のページの後ろに読み書きの問題が10題ずつ区切られて出題されているので、それを家庭で練習させます。翌日には、枠だけ書いてある用紙を使ってミニテストを行います。実物投影機でドリルの問題をスクリーンに映しておけば教師のいない時間にもできますね。ミニテストは、毎日やるというのが一番のポイントですので、短い時間でできることが大切です。朝の時間や授業準備の時間などちょっとしたすき間を活用します。さらに、テストは子どもたち自身で丸付けをさせます。間違えていたらすぐ正しい字を写させ、覚え直しさせます。自分で丸付けをすることで漢字を「見る目」が育ったのか、練習の時などに間違った漢字を気付かずに書いてきてしまうようなケースがぐっと減ったのは思わぬ効果でした。

宿題とミニテストを繰り返して3日目になるとほとんどの子が100点を取ることができるので、付属のバラテストを実施します。これは教師が採点をし、点数も記録しておきます。子どもたちは、これを「本番のテスト」と呼び、気合いを入れて取り組みます。そして、その日の宿題からは次の新しい10問に取り組みます。この「宿題→ミニテスト」を休まず毎日繰り返したら、学期末の漢字まとめテストの平均点が劇的にアップしましたよ。

教材を使い始める前に教材の使い方を教える

学年初めにドリルを初めて使うときには、使い方を子どもたちと一緒に確認します。書き順や読み方の他に、間違いやすい漢字にはマークがついていたり、書き順で間違いやすいところには印がついていたり、成り立ちや熟語がのっていたりと子どもたちが自分で学習するときの手がかりになることがたくさんのっているんですよね。

漢字ドリルだけでなく、私たちが日頃使っている学校教材にはいろいろな工夫がされています。それをまず教師がきちんと見つけ、それらを百パーセント活用したいと思っています。

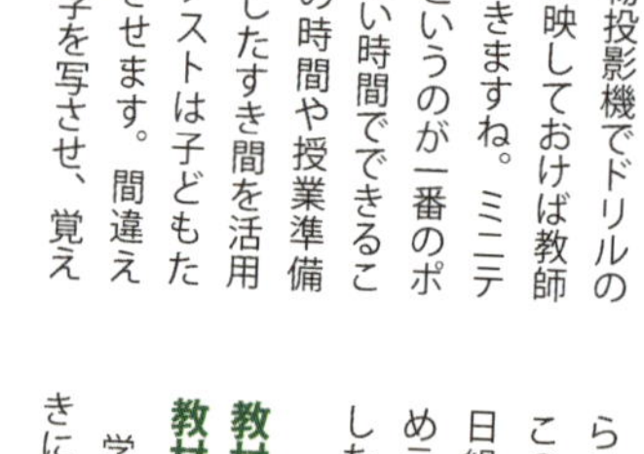

実物投影機を使ってドリルをスクリーンに拡大して映し、全員で空書き。

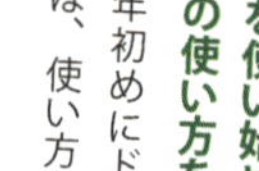

●笠原先生が使用した教材
くりかえし漢字ドリル
小学校6年1学期
発行：株式会社教育同人社

出典「学校教材はこう使おう！ベテラン先生に学ぶ、学校教材活用法」フリーマガジン『WUTAN22』（NPO法人全国初等教育研究会発行 2013年3月）

第3章

もっと知りたい！

漢字ドリルをかしこく使う20のコツ！

他にも
やり方はいろいろあるのよ。
見ておいで！
はーい！
いってきまーす！！

年度初め ①

ドリルのマークや記号を教える

最初にドリルの使い方を教えよう

私のやり方 ① 表紙裏で「使い方」を教える

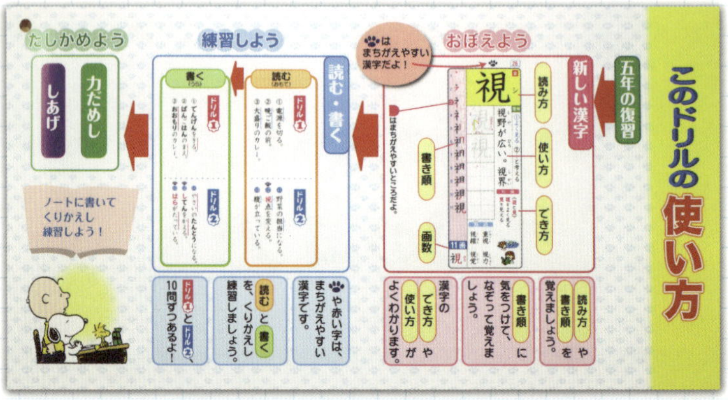
このドリルの使い方
五年の復習
新しい漢字
おぼえよう
はまちがえやすい漢字だよ！
読み方
使い方
でき方
書き順
画数
はまちがえやすいところだよ。
読み方や書き順を覚えましょう。
書き順に気をつけて、なぞって覚えましょう。
漢字のでき方や使い方がよくわかります。
練習しよう
読む・書く
読む
書く
ドリル1
ドリル2
や赤い字は、まちがえやすい漢字です。
読むと書くを、くりかえし練習しましょう。
ドリル1とドリル2、10問ずつあるよ！
たしかめよう
力だめし
しあげ
ノートに書いてくりかえし練習しよう！

表紙裏の「使い方」のページを活用して、新出漢字を学習する手順を確認しましょう。

表紙の裏には、「おぼえよう」、「練習しよう」、「たしかめよう」という学習の手順が示されています。

年度初めに全体で確認しましょう。

私のやり方 ② マークや記号の意味を教える

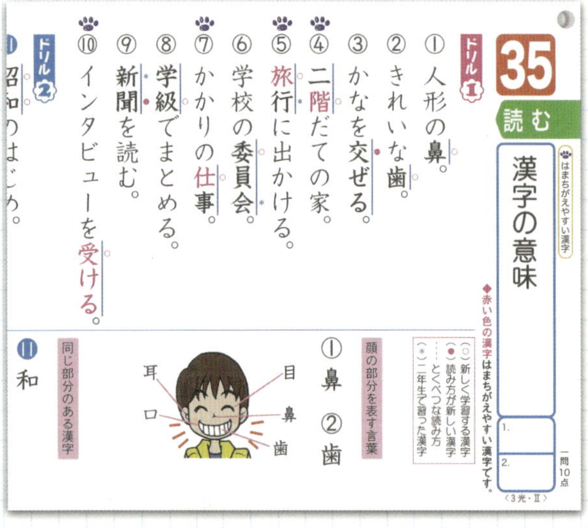
35 読む
漢字の意味
はまちがえやすい漢字
◆赤い色の漢字はまちがえやすい漢字です。
（○）新しく学習する漢字
（●）読み方が新しい漢字
とくべつな読み方
（＊）二年生で習った漢字
一問10点
1.
2.
〈3光・Ⅱ〉

ドリル1
① 人形の鼻。
② きれいな歯。
③ かなを交ぜる。
④ 二階だての家。
⑤ 旅行に出かける。
⑥ 学校の委員会。
⑦ かかりの仕事。
⑧ 学級でまとめる。
⑨ 新聞を読む。
⑩ インタビューを受ける。

ドリル2
① 昭和のはじめ。

顔の部分を表す言葉
① 鼻 ② 歯
目
鼻
歯
耳
口

同じ部分のある漢字
⑪ 和

漢字ドリルには、間違えやすい漢字や熟語にマークや記号をつけて示してあります。足あとマークがついている漢字や赤色で書かれた漢字は、間違えやすい漢字なので気を付けるように事前に指導します。

マークを見て、「間違えやすい漢字だ」と分かれば、慎重に読み取りや書き取りをしようとします。

自立した学習を支える学習技能として、マークや記号の意味をしっかりと教えます。

繰り返すことの意味

繰り返しの大切さを教えよう

私のやり方① 体験させ、気付かせる

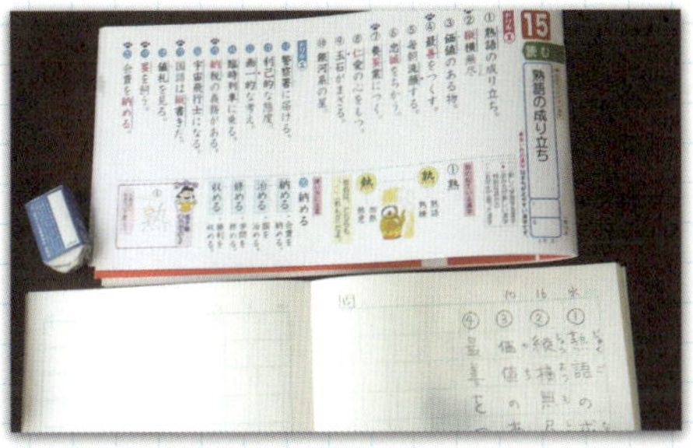

知識や技能を習得するために、繰り返し練習することは欠かせません。
しかし、子供たちに、そのことを説明してもなかなか理解できません。そこで、まずは、**繰り返し練習する体験を積ませ、「効果がある」ことに気付かせる指導が必要です。**

私のやり方② 「見える化」し、気付かせる

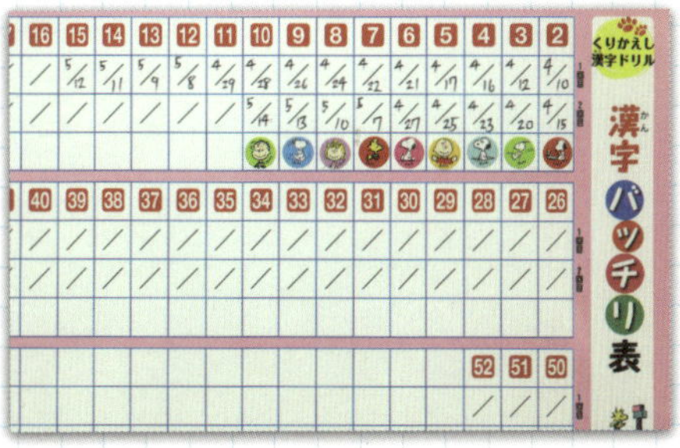
くりかえし漢字ドリル
漢《かん》字バッチリ表

「効果がある」ことに気付かせるためには、「見える化」することが大切です。
「漢字バッチリ表」に練習した日を記録させ、「がんばった」ことを確認できるようにします。
また、繰り返し練習した後はミニテストを行い、「できた」という気持ちを目でも確認できるようにします。

私のやり方③ どのようにやるかを教える

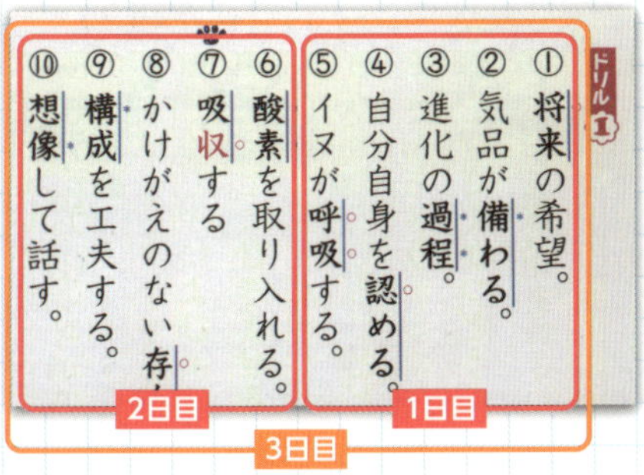
ドリル1
① 将来の希望。
② 気品が備わる。
③ 進化の過程。
④ 自分自身を認める。
⑤ イヌが呼吸する。
⑥ 酸素を取り入れる。
⑦ 吸収する
⑧ かけがえのない存
⑨ 構成を工夫する。
⑩ 想像して話す。
1日目
2日目
3日目

繰り返し練習させるために最も大切なことは、**「どのようにやるのか」を子供に教えることです。**
そのためには、**やり方をパターン化することが効果的です。**
例えば、1日目は①～⑤、2日目は⑥～⑩を宿題として練習させ、3日目に10問のテストを行うなどです。

私のやり方④ いつやるかを決める

10月の時間割

日	曜	朝	1	2	3	4	給	5
1	火	漢字	国語	国語	算数	国体観戦	○	社会
2	水	＊	理科	理科	国語	算数	○	
3	木	読書	道徳	国語	算数	総合	○	総合
4	金	集会	理科	理科	国語	音楽	○	算数
5	土							
6	日							
			国語	社会	図工	図工	○	総合

繰り返し練習させるためには、**「いつやるか」をはっきり決めておくことも大切です。**
例えば、「国語の授業の最初の5分間で行う」「毎日宿題として家で20分行う」と決めることで、子供はやるのが当たり前になっていきます。
さらに、繰り返し練習の機会を増やすために、朝学習など、一日の日課の中に練習時間を位置づけている学校もあります。

年度初め ③

漢字一覧表の活用

漢字一覧表の使い方を教えよう

私のやり方

1年間の見通しをもたせる

習った漢字には、□に印をつけさせ、漢字学習への見通しをもたせます。

漢字の読み（音訓）、使い方、画数等の基本的な知識を確認させます。

教科書の何ページに出ている漢字なのか、ドリルの何番に出ている漢字なのかを確認させます。

漢字ドリルの「漢字一覧表」を使うと、
いつ、どんな漢字をいくつ学習するのか見通しをもたせることができます。
各漢字の右上には、チェック欄（□）があり、習った漢字に印をつけていきます。
学期末などに、習った漢字を復習する際にも、確認することができます。

年度初め④

巻末チェック表の使い方

巻末チェック表に記録させよう

私のやり方

記録をつけて繰り返しを意識させる

練習した日付を書き込みます。
漢字ドリルを使う際のきまりとして
4月にしっかり指導します。

シールを貼ったり印をつけたりして
学習の跡を残していきます。

シールや印を、担任がつけるか、
本人がつけるかは学級の実態に
応じて決めます。

**漢字ドリルの巻末チェック表を活用すると、
学習の記録を目に見える形で残すことができます。**

チェック欄には取り組んだ日付を書き込んでいきます。いつ、どのページの書き取りをしたか、何度繰り返したかが一目でわかるので、計画的、効果的に漢字指導をすることができます。
また、シールを貼ったり印をつけたりすることで、達成感を味わわせることができ、取り組みへの意欲を持続させることができます。

年度初め⑤

ドリル用ノートの選び方

練習のさせ方に合わせてノートを選ぼう

私のやり方① 読み方を定着させる

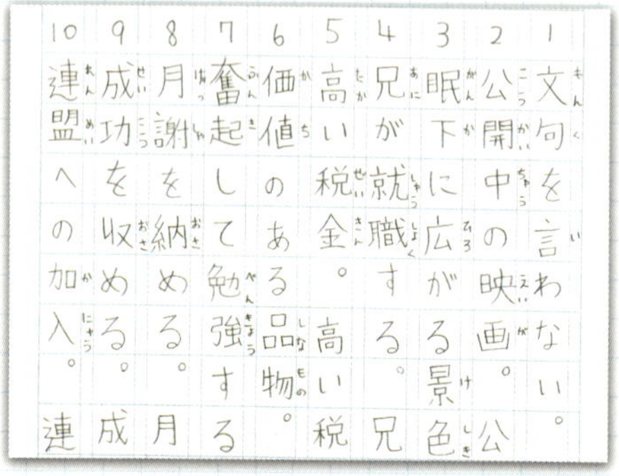

読み方を定着させたい場合には、ふりがな欄のあるノートを使用します。

ふりがなを書くスペースの分、文字を書く欄は小さくなります。文字のバランスを意識させたい場合は、十字リーダー入りのものを選びます。

私のやり方② ドリルの問題数に合わせる

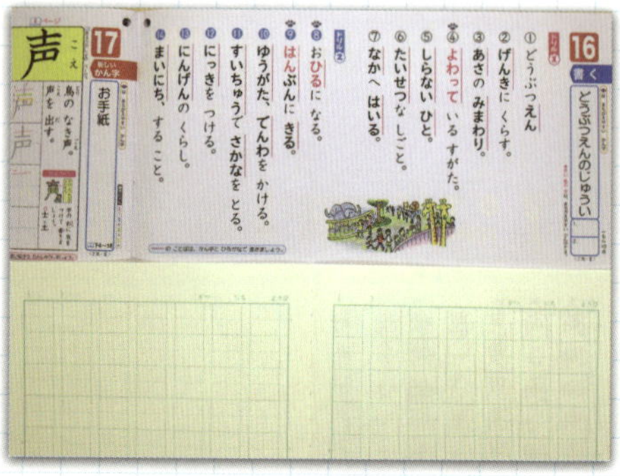

＜読む＞＜書く＞のページは、1・2年生は7問ずつ、3年生以上は10問ずつで構成されています。

問題数に合わせて漢字練習をさせたい場合には、学年に応じて7行（84字）か10行（150字）のノートを使います。

私のやり方③ ノートを使い分ける

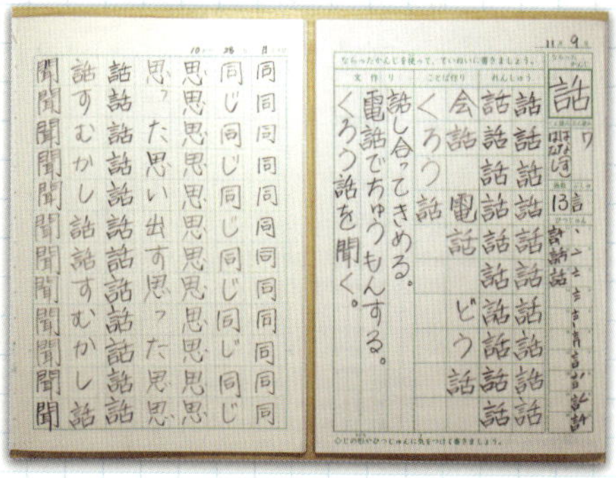

新出漢字の練習をさせたい場合は漢字練習用のノート、何回も漢字を練習させたい場合はマスノートというように、2タイプのノートを使い分ける方法もあります。**目的に合わせたノートを選びましょう。**

私のやり方④ 『漢字ドリルノート』も活用

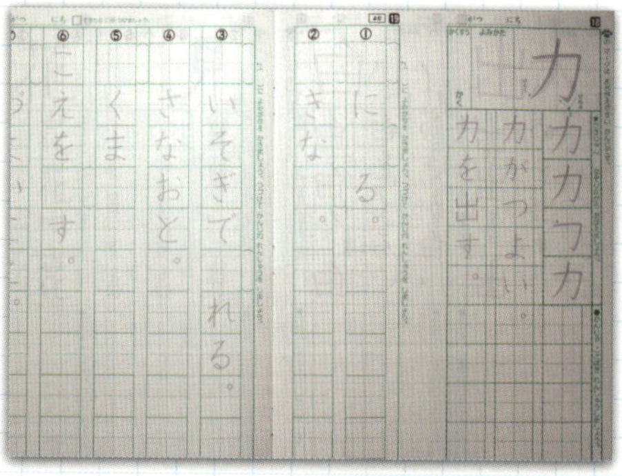

『漢字ドリルノート』は、ドリルに沿った展開なので、自主学習にも向いています。

なぞり文字入りなので、ノート指導の入門期にも使いやすいです。

授業 ❶

新出漢字を教えるときの用具

授業→宿題→掲示に使える便利グッズ！

私のやり方 ❶ 実物投影機を使って

実物投影機を使って指導するときには、大きく映すことがポイントです。
子供の手元にあるものと同じドリルで指導できるので、準備も手軽です。

私のやり方 ❷ マス黒板を使って

マス黒板を使って指導すれば、**指導に使ったマス黒板をそのまま宿題の連絡に使う**ことができます。

私のやり方 ❸ 『漢字デジドリル』を使って

『漢字デジドリル』には、漢字ドリルと同じ内容が入っています。
筆順はアニメーションで収録されているので、**子供の空書きを見ながら指導するのに便利です。**

➔『漢字デジドリル』P.70

私のやり方 ❹ 掲示用をプリントアウトして

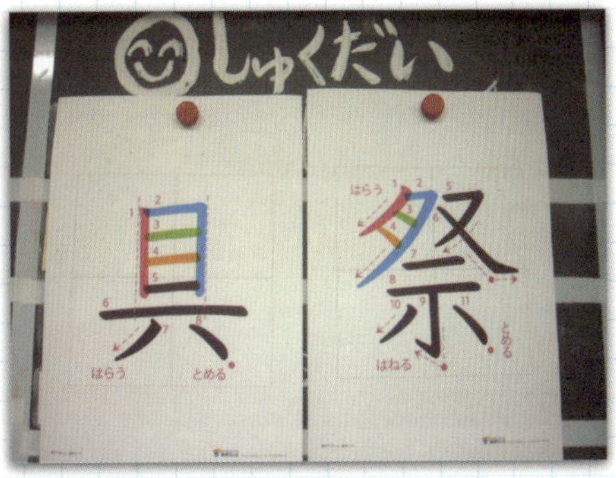

実物投影機やデジドリルを使って指導したときには、掲示用をプリントアウトして**宿題の連絡や掲示物として使うと便利です。**

授業 ②

フラッシュ型教材の活用

繰り返しリズムよく声を出して覚えさせよう

私のやり方 ① 漢字の読みの確実な習得のために

フラッシュ型教材は、新しく学習した漢字や言葉を読むという学習場面で役立ちます。

画面に出る漢字を即座に読んでいきます。変化をつけて繰り返すと、何度も読む機会をもつことができます。集中して、楽しみながら、漢字の読みを確実に習得できます。

私のやり方 ② フラッシュ型教材を準備する

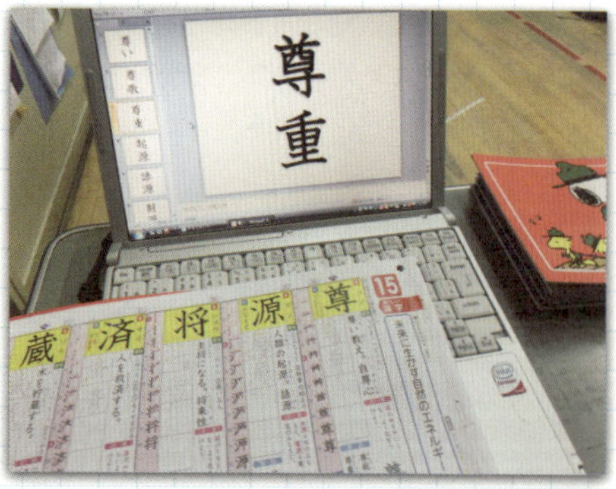

漢字や言葉の**フラッシュ型教材を作る際には、漢字ドリルが参考になります。**

教科書に出てくる用例に加えて、子供たちが学習するのに適した熟語が掲載されています。

また、フラッシュ型教材のwebサイトを活用して全国の先生方が作った教材を使わせていただくのもおすすめです。

★参考「eTeachers」 http://eteachers.jp/

私のやり方 ③ フラッシュ型教材を毎日使う

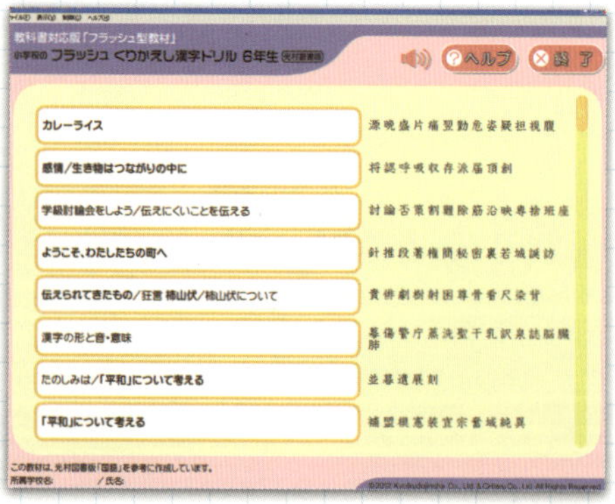

フラッシュ型教材は、**毎日使うことで効果が出てきます。**

市販の「フラッシュくりかえし漢字ドリル」*は、漢字ドリルと同じ内容、配列なので、漢字ドリルと組み合わせて使うと効果的です。

*『フラッシュくりかえし漢字ドリル』(チエル株式会社)
www.chieru.co.jp

授業③

使い終わったノートの活用

使い終わったノートも指導に活かそう

私のやり方① 他の児童のお手本に

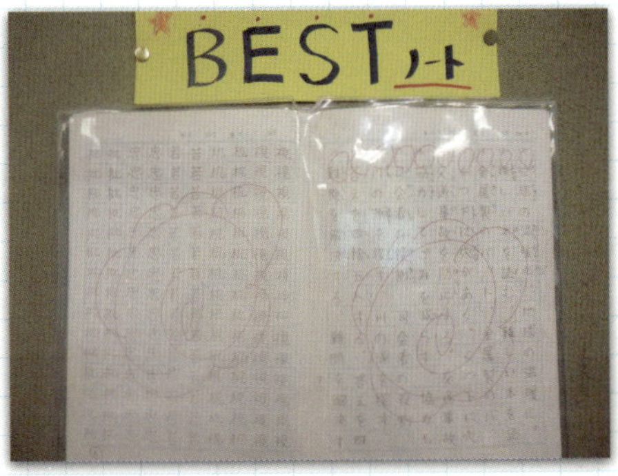

B4のクリアファイルを使うと、お手本として見せたいページを開いてノートをそのまま掲示することができます。
ノートを汚すことがなく、入れ替えも便利です。

私のやり方② 学級便りでやる気UP

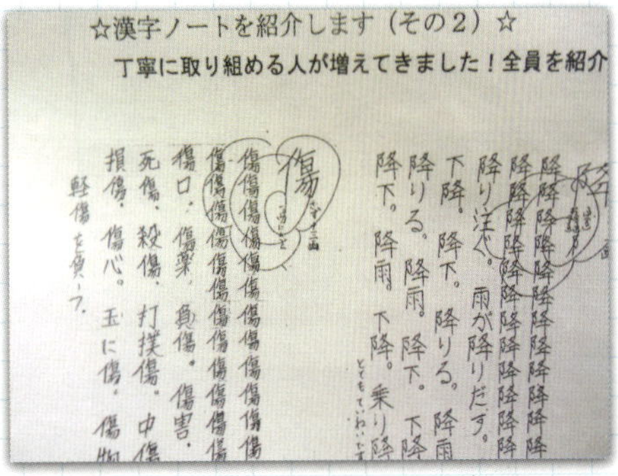

学級便りにノートを載せることで、子供たちのやる気UPにつながります。
保護者に日頃の取り組みの様子や指導する際に大事にしていることなどを伝えることもできます。

私のやり方③ 頑張ったことをほめよう

使い終えたノートの表紙に大きく花丸を描いたり、シールを貼ったりして、**頑張ったことをほめましょう。**
ノートを最後まで大事に使う習慣が身に付きます。

私のやり方④ 学習成果を振り返る

使い終えたノートを保管しておいて、**学期末や学年末に1つにまとめると、学習成果がよく分かります。**
穴をあけて綴り紐で閉じる、製本テープで留めるなどの方法があります。ノート裏に使い始め・使い終わりを記入させておきましょう。

授業 ④

コラム欄の活用

コラム欄を使って言語への関心を高めよう

私のやり方① コラムの内容にも目を向けさせる

＜読む＞のページの下段にはコラム欄があります。

このページで使われている漢字について、似ている漢字や反対の意味の漢字などが載っています。

授業で「読む」練習をするときに、ワンポイントとして目を向けさせ、**言語への関心を高めましょう。**

私のやり方② 問題文に合わせた内容

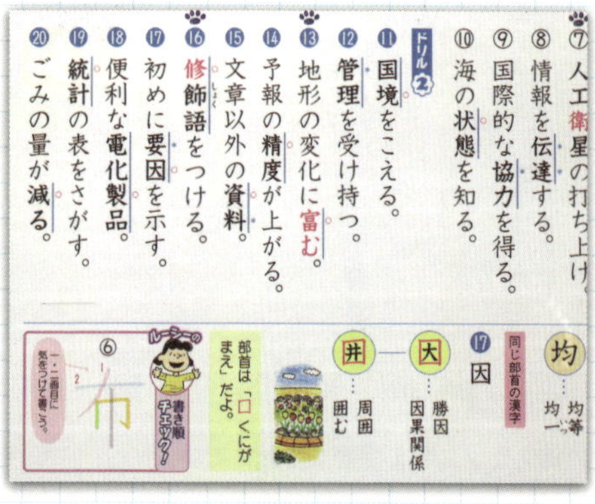
⑦ 人工衛星の打ち上げ
⑧ 情報を伝達する。
⑨ 国際的な協力を得る。
⑩ 海の状態を知る。
ドリル②
⑪ 国境をこえる。
⑫ 管理を受け持つ。
⑬ 地形の変化に富む。
⑭ 予報の精度が上がる。
⑮ 文章以外の資料。
⑯ 修飾《しょく》語をつける。
⑰ 初めに要因を示す。
⑱ 便利な電化製品。
⑲ 統計の表をさがす。
⑳ ごみの量が減る。

均…均等 均一
同じ部首の漢字
⑰ 因
大…勝因 因果関係
囲…周囲 囲む
部首は「口（くにがまえ）」だよ。
ルーシーの書き順チェック！
⑥
一・二画目に気をつけて書こう。

上段の問題で使われている漢字から**子供の実態に合わせてコラムが用意**されています。

新出漢字の学習で注意を促した内容を改めて確認することができます。

私のやり方③ 内容はさまざま

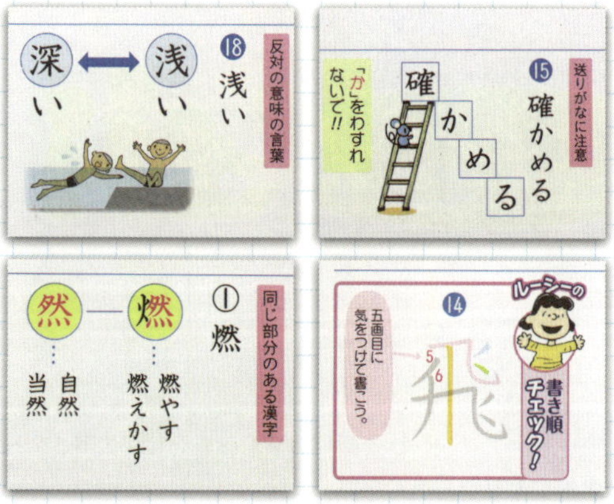

漢字に合わせて、さまざまなコラムが用意されています。**言語への関心を高める観点として、活用**します。

授業 ⑤

しあげページの使い方

しあげページを使って定着を確かめよう

私のやり方 ❶ 学期末のまとめに活用する

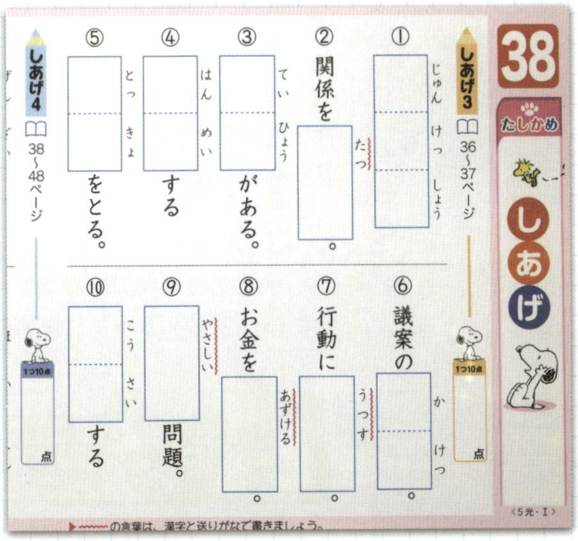
38
たしかめ
しあげ
しあげ3 36〜37ページ
① じゅんけっしょう □。
② 関係を たつ □。
③ ていひょう □がある。
④ はんめい □する
⑤ とっきょ □をとる。
⑥ 議案の かけつ □。
⑦ 行動に うつす □。
⑧ お金を あずける □。
⑨ やさしい □問題。
⑩ こうさい □する
1つ10点 点
しあげ4 38〜48ページ
1つ10点 点
〈5光・Ⅰ〉
▶～～の言葉は、漢字と送りがなで書きましょう。

ドリルの巻末にはまとめとして、「しあげ」のページがあります。

単元のまとめや学期末の振り返りとして活用し、漢字の定着に役立てます。

その学期に学習した漢字が定着しているかどうかを確かめながら、ノートに取り組ませます。単語だけではなく文で書かせることで、使い方も確認しましょう。

最後は、このページをテストとして活用します。

私のやり方 ❷ 単元のまとめとして活用する

しあげのページは、単元ごとにまとまって出題されています。

単元のまとめとして、単元テストの前に取り組ませることで、子供自身で漢字の定着を確認することができます。

学期末にも繰り返すために、ノートに取り組ませます。

答え合わせは答えのページをよく見て、自分でとめ・はね・はらいなどに気を付けさせます。

宿題 ①

提出のさせ方

短時間でチェックできるように工夫しよう

私のやり方① 箱を用意して、朝のうちに提出させる

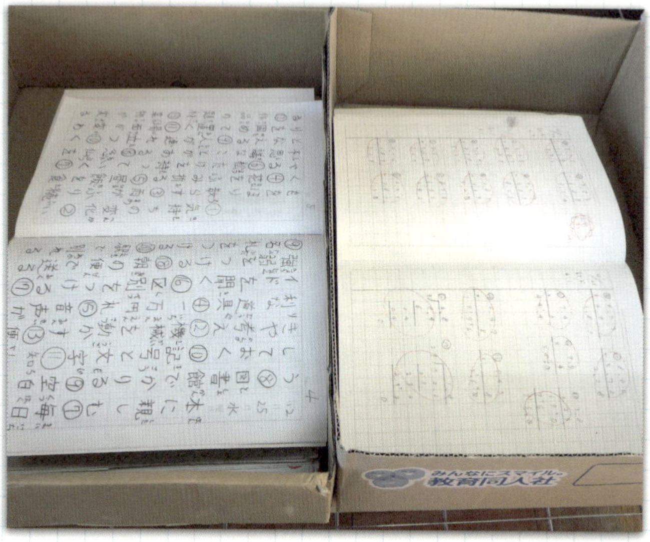

宿題を入れる箱を置いて、毎朝子供が自分で提出するように4月に指導します。

種類別に提出できるように宿題の数に応じて箱を置いておくとよいでしょう。

「ノートの向きをそろえること」や「やったところを開いて提出すること」も、初めにしっかり指導します。

私のやり方② 取り組みのルールを決めて

「新出漢字の宿題は自分で丸をつけない」、「ノートを使った練習では、自分で確認して番号に丸をつける」などの**ルールをしっかり指導しましょう。**

私のやり方③ まとめて提出する方法も

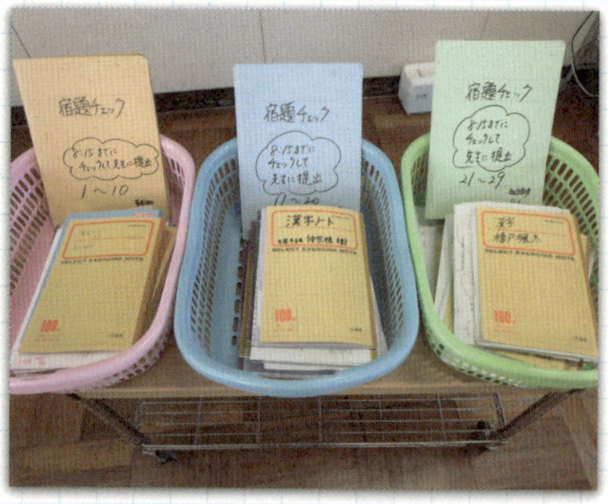

全部の宿題を一緒に提出させる方法もあります。

やったところを開いて、ノート同士を組んで提出させましょう。この方法を使うと、誰が何を未提出なのかが確認しやすくなります。

宿題 ②

家庭学習の計画を立てさせる

子供自身に立てさせて自主学習につなげよう

私のやり方❶ 1週間分の学習が見える形に

日	曜日	内容	ふりかえり（ひと言ふた言日記）
7/12	金	漢練 1回 計ド 35 project	今日、算数がありました。比のまとめをして、なぜだか ほとんど まちがえてしまいました！ちょうしが わるかったようです。
7/13	土	計ド 36 project	今日、水泳で 背およぎの 25mのタイムを 計りました。そしたら、20秒でした！！！！こまったことに すごく おそくなってました。
7/14	日	漢練 2回 project	今日、友達と 市役所のプールに行きました。人が多くて あまりおよげなかったけど、たのしかったです。

学年で決めた時間の家庭学習に取り組ませます。
どのような学習をしたか、簡単に記録させておきます。
1週間で1枚を目安に振り返りを書かせます。学習に偏りはないか、ちょっとしたひと言から子供たちの日常が伝わってきます。

私のやり方❷ 中学年は手順を丁寧に

家庭学習
チャレンジ30

①毎日、宿題はわすれずにがんばろう。

②そのほかの勉強とあわせて、1日30分は家庭学習をがんばろう。

③おうちの人にその日のチェックをもらいましょう。

④次の日の時間割をしっかりそろえよう。

⑤1週間が終わったら、ふりかえりをして、先生に見せましょう。

中学年は保護者の手を少し離れ、自分で学習するための入門期です。
どのような手順で宿題を進めるのか、具体的に示します。
保護者の協力もいただきながら、全員が家庭学習に取り組めるようにします。中学年でも1週間を単位として家庭学習を振り返らせ、次の週の計画に活かします。

宿題 ③

いつ見る、何を見る

ポイントを決めて、効率よくチェックしよう

私のやり方 1 すきま時間を使ってチェックし、その日のうちに返却

提出された宿題は、休み時間などのすきま時間を使って丸つけをし、**その日のうちに返却することが大事です。**
素早くチェックするためには、丁寧さや間違い、読み仮名の有無などポイントを決めてみるようにしましょう。
チェックポイントを子供に知らせておくと、そのポイントに気をつけて書くようになります。

私のやり方 2 新出漢字は4文字目をチェックする

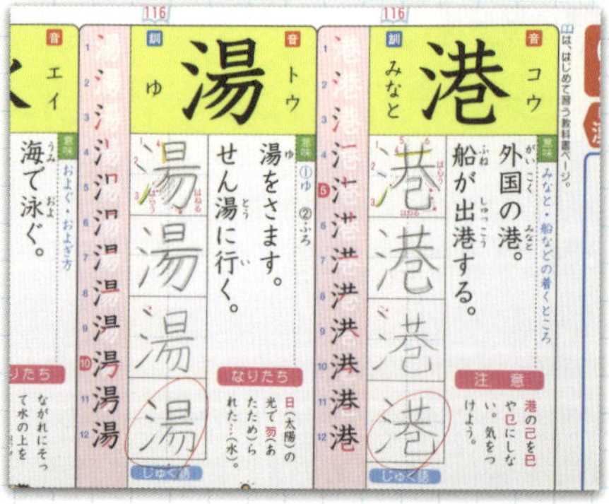
湯
トウ
ゆ
湯《ゆ》をさます。
せん湯《とう》に行《い》く。
なりたち
港
コウ
みなと
外国《がいこく》の港《みなと》。
船《ふね》が出港《しゅっこう》する。
注意
海《うみ》で泳《およ》ぐ。
じゅく語

新出漢字は、書かせた全部の文字を細かく見ると時間がかかります。
1文字目、2文字目のなぞり書きがしっかりできていれば、3文字目、4文字目は正しい字形で書けるようになります。
4文字目だけを見て、素早く確実にチェックしましょう。

私のやり方 3 提出状況は子供、内容は担任がチェック

だれがどの宿題を提出したかまで担任がチェックするのは大変です。
宿題をチェックする係を作って、**提出状況は係の子供にチェックさせる**とよいでしょう。チェックのためのファイルを用意しておくと後で確かめることができます。

宿題 4

間違い直しのさせ方

チェック後は消さずに直させよう

私のやり方1 赤鉛筆を使って直す

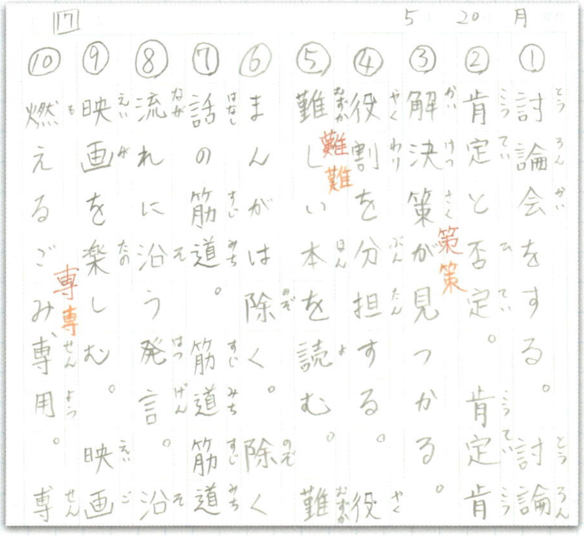

子供は間違えると、消しゴムで消したがります。
でも、消してしまうとどの部分を間違えたのか分からなくなります。次は間違えないように、どこが違うのか見える化させましょう。
そのためにもチェック後は**間違えた漢字は消さないで、赤鉛筆や赤ペンを使って直すように指導しましょう。**

私のやり方2 子供に間違いが分かる返却を

ドリルの新出漢字が間違っていた場合には、直しをさせたいページを折り曲げて返すようにしましょう。
子供が間違いを見つけやすくなります。直して丸をもらうまで折り曲げた部分を戻さないということもきちんと指導しましょう。

私のやり方3 1行直しもやり方次第で

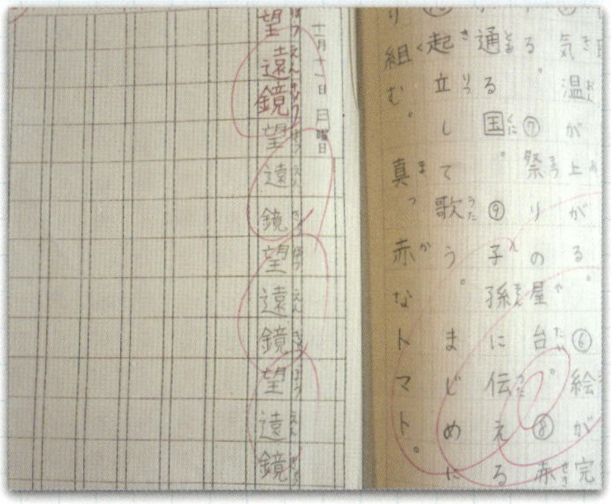

間違えた漢字は、1行ずつ直させることも効果的です。ただ、1ページずつ宿題にしている場合はページがずれてしまいます。そんな時は漢字ノートのコピーを貼って対応しましょう。子供にとっても、直しがあることが一目瞭然です。

漢字テスト①

低学年でのテストの仕方

やり方を工夫して低学年から始めよう

私のやり方① しっかり練習をして漢字テストをしよう

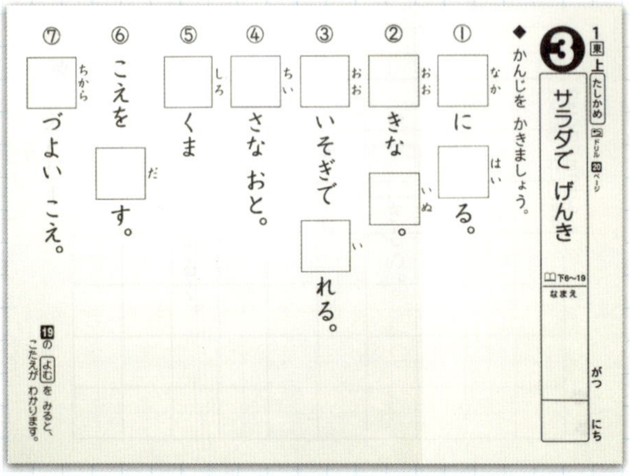

1 東 上 たしかめ ドリル 20ページ

❸ サラダで げんき

下6〜19

なまえ

がつ にち

◆かんじを かきましょう。

① □《なか》に □《はい》る。

② □《おお》きな □《いぬ》。

③ □《おお》いそぎで □《い》れる。

④ □《ちい》さな おと。

⑤ □《しろ》くま

⑥ こえを □《だ》す。

⑦ □《ちから》づよい こえ。

19の よむ を みると、こたえが わかります。

1、2年生の＜書く＞のページには、7問の中に、10文字の漢字が入っています。

新出漢字の練習を進め、10文字のテストができるようになったら、漢字テストを行います。

漢字ドリルに対応した別売の『漢字のたしかめ』を使うと、問題が分かりやすく低学年でも取り組みやすくなります。

➡『漢字のたしかめ』P.69

私のやり方② テストの前にはしっかり練習

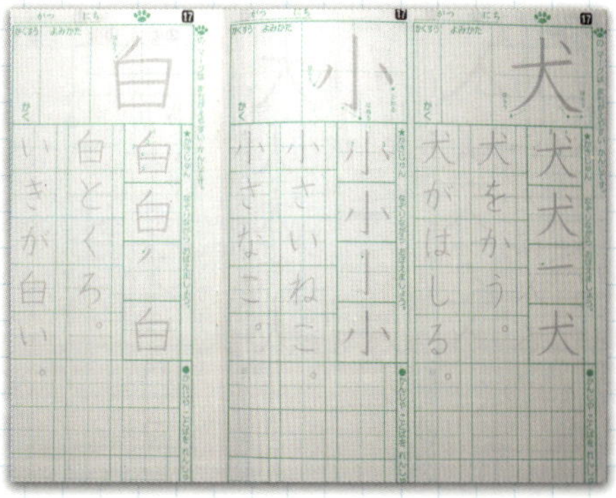

漢字ドリルに対応した別売の『漢字ドリルノート』を使うことで、**ノートの書き方も指導する**ことができます。

私のやり方③ 漢字練習用のノートで何度も練習をする

テストの前には、テストをすることを予告し、事前に何度も練習をさせます。

練習の仕方をしっかりと教えて、確実に定着するようにします。低学年のうちから、とめ・はね・はらいなど正しい字が書けるようにしていきましょう。

漢字テスト❷

いろいろなテスト用紙

やり方に合わせてテスト用紙を工夫しよう

私のやり方❶ 直し欄のないもの

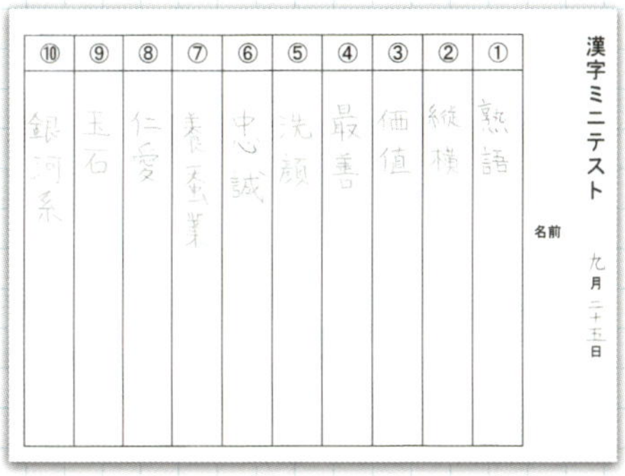
漢字ミニテスト
名前
九月二十五日

⑩	⑨	⑧	⑦	⑥	⑤	④	③	②	①
銀河系	玉石	仁愛	養蚕業	忠誠	洗顔	最善	価値	縦横	熟語

枠だけのテスト用紙を使えば、問題によって用紙を作り替える手間がありません。

出題方法は、新出漢字部分のみでテストをする場合と、文章で書かせる場合があります。テストの回数や実施時間に応じて、出題の仕方を変えることもできます。大事なのは、児童が出題方法を理解してテストに臨むことができるようにすることです。

私のやり方❷ 直し欄のあるもの

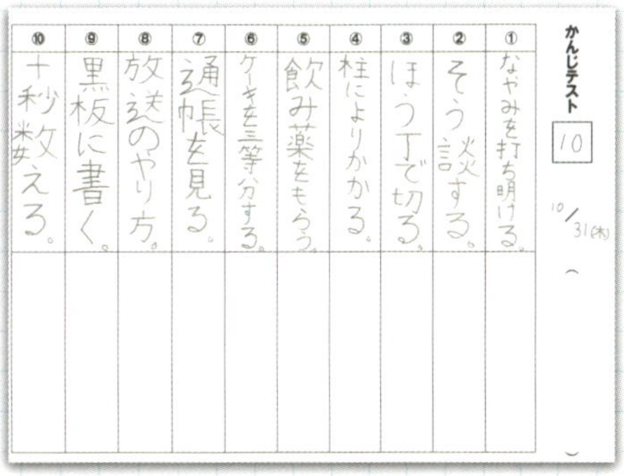
かんじテスト 10
10/31(木)

⑩	⑨	⑧	⑦	⑥	⑤	④	③	②	①
十秒数える。	黒板に書く。	放送のやり方。	通帳を見る。	ケーキを三等分する。	飲み薬をもらう。	柱によりかかる。	ほう丁で切る。	そう談する。	なやみを打ち明ける。

上段の枠を使ってテストを行い、下段には直しをさせます。

間違えた文字だけでなく、送り仮名や熟語も合わせて書いて直させます。

私のやり方❸ 縦置きのテスト

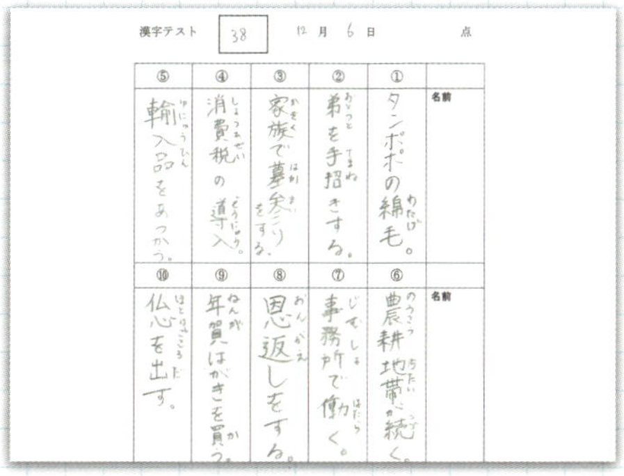
漢字テスト 38 12月 6日 点

⑤	④	③	②	①	
輸入品《ゆにゅうひん》をあつかう。	消費税《しょうひぜい》の導入《どうにゅう》。	家族《かぞく》で墓参《はかまい》りをする。	弟《おとうと》を手招《てまね》きする。	タンポポの綿毛《わたげ》。	名前
⑩	⑨	⑧	⑦	⑥	
仏心《ほとけごころ》を出《だ》す。	年賀《ねんが》はがきを買《か》う。	恩返《おんがえ》しをする。	事務所《じむしょ》で働《はたら》く。	農耕《のうこう》地帯《ちたい》が続《つづ》く。	名前

5問ずつ実施する場合には、1枚で2回分のテストができます。

また、上段をテスト欄、下段を直し欄として使うこともできます。

なるほど！
実態に合わせて用紙を
工夫すればいいんだ！

漢字テスト③

テストの保管方法

学習の記録としてまとめて保管しよう

私のやり方① テストをまとめて保管する

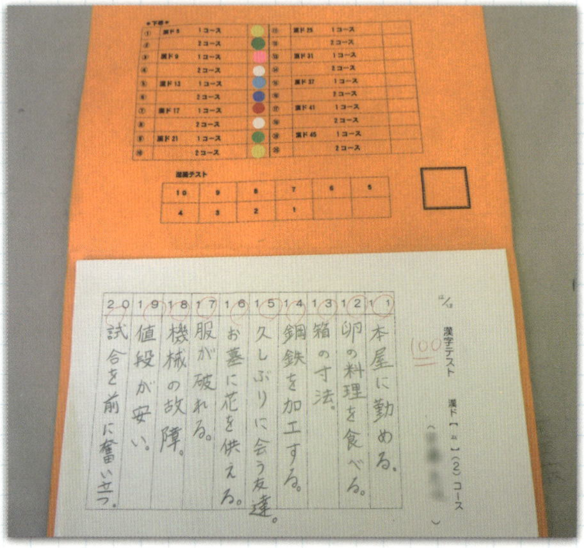

学習の軌跡が残るように、漢字テストはまとめて保管します。
市販のファイルを購入しなくても、色画用紙を二つ折りにし、糊で貼り重ねていけば手軽にまとめられます。
実施日と点数を記録する欄を作っておくと、一目で漢字テストの結果を確認することができます。

私のやり方② 得点別の貼り重ね方

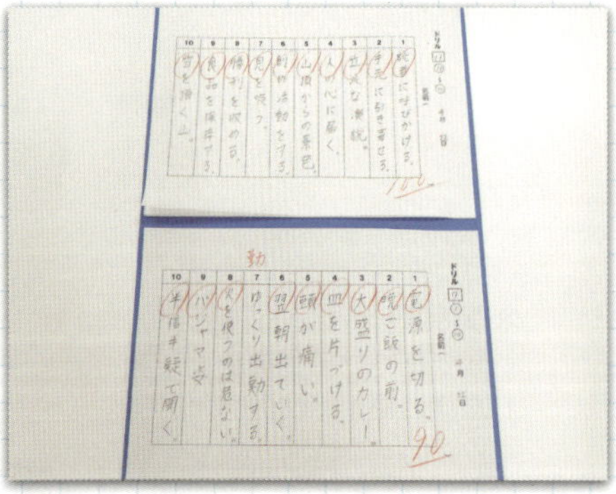

上段に満点だったもの、下段に間違いのあったものというように分けて貼り重ねる方法もあります。
このようにしておくと、単元の終わりのワークテスト実施前や、学期末に、間違えた漢字だけをすぐに確認することができます。

私のやり方③ ミニテストと本テストを分けた貼り重ね方

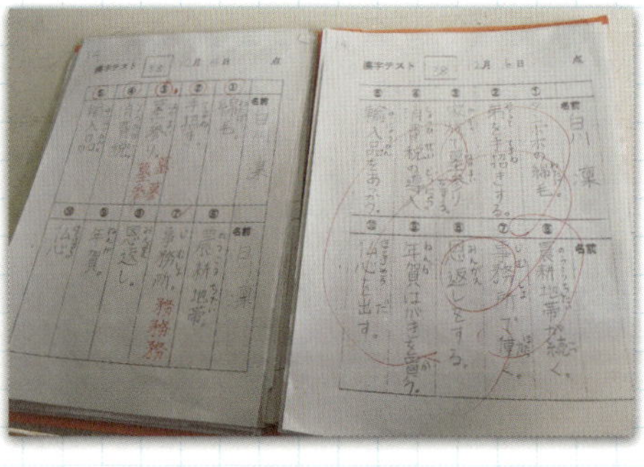

子供自身で自己採点するミニテストと、教師が採点をして評価に反映させる本テストとを分けて貼り重ねる方法もあります。
ミニテストで練習の成果を確認し、本テストで確実に習得できたかどうかを確認しているという学習の仕方が、保護者にも伝わる方法です。

保護者 ①

保護者会や授業参観で伝えること

「こうやります」と伝えよう

私のやり方 ① 学校での指導を家庭に伝える

年度初めの授業参観では、新出漢字の**指導場面を見せることで、学校でどのような指導を受けているのかを、家庭に伝えます。**
指導の時には、「1ミリもずらしません。」などのキーワードを使い、指導のポイントを見せましょう。

私のやり方 ② 保護者会で確認する

授業で指導の様子を見てもらったら、保護者会で、**どのようなことに重点を置いているかをわかりやすく説明します。**
学校でも家庭でも、毎日の取り組みが大切であることをしっかりと理解してもらい、保護者の協力の大切さを伝えましょう。

私のやり方 ③ お便りを読んでもらう

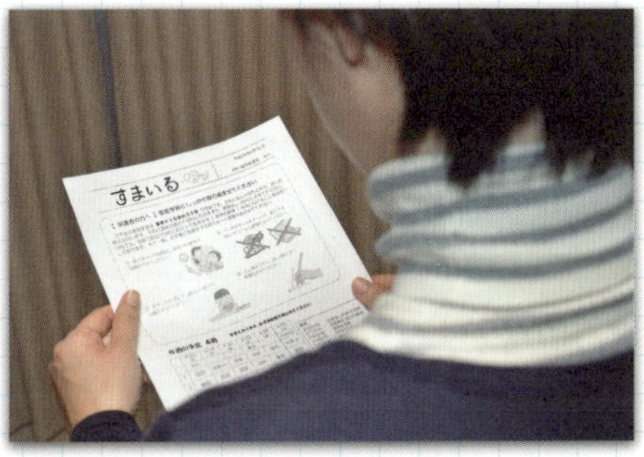

学年便りや学級便りには、家庭学習のお願いなどが掲載されていることを、最初の保護者会で伝え、**必ず読んでもらうようにします。**
またこの時、読んで疑問などがある場合は、すぐに担任に連絡をしてもらうよう、お願いしておきましょう。

年度初め ①②③④⑤
授業 ①②③④⑤
宿題 ①②③④
漢字テスト ①②③
保護者 ①②③

保護者②

学年便りや学級便りで伝えること

「こうやっています」と伝えよう

私のやり方① 学習の仕方を伝える

来週の予定

	16日	17日	18日	19日	20日
	月	火	水	木	金
朝	全校朝会			縦割り班遊び	
1	国語	理科	社会	家庭	算数
2	算数	理科	音楽	家庭	社会
3	図工	算数	算数 テスト「分数」	理科	国語
4	図工	外国語	体育外	算数	理科 テスト「流れる水」
5	社会	家庭科 調理実習		社会 テスト「自動車」	国語
6	体育外			クラブ	体育外
下校	15:30	15:30	13:20	15:30	15:30
宿題	音読 漢字練習　輸 漢字テスト練習 37・38①～⑩ 計算ドリル19 漢字プリント	音読 漢字練習　耕 漢字テスト練習 37・38⑪～⑮ 計算ドリル22 漢字プリント	音読 漢字練習　務 漢字テスト練習 37・38⑯～⑳ 計算ドリル20 漢字プリント	音読 漢字練習　恩 漢字テスト練習 37・38⑪～⑳ 計算ドリル21 漢字プリント	音読 漢字練習　賀仏桜 漢字テスト練習 39・40①～⑤ 計算ドリル23 漢字プリント
漢テ	37・38⑥～⑩	37・38①～⑩	37・38⑪～⑮	37・38⑯～⑳	37・38⑪～⑳
連絡	汚れてもよい服装	学芸会の写真 しめきり	4時間授業	クラブ活動 お誕生日給食	

日々の取り組みもお便りで伝えます。

新出漢字を学習した後の**テストのサイクル**や合格ライン、現在取り組んでいる単元の中で注意してほしい点、**提出物の提出の仕方や期限**などを掲載すると、家庭でも見通しを持つことができるため、協力を得やすくなります。

私のやり方② テストも予告する

下校	15:30	15:30	13:20
宿題	音読 漢字練習　輸 漢字テスト練習 37・38①～⑩ 計算ドリル19 漢字プリント	音読 漢字練習　耕 漢字テスト練習 37・38⑪～⑮ 計算ドリル22 漢字プリント	音読 漢字練習　務 漢字テスト練習 37・38⑯～⑳ 計算ドリル20 漢字プリント
漢テ	37・38⑥～⑩	37・38①～⑩	37・38⑪～⑮
連絡	汚れてもよい服装	学芸会の写真 しめきり	4時間授業
荷物	絵の具バッグ	調理実習で作った物	図工バッグ

いつ、どの範囲のテストを実施するかを、お便りで事前に伝えておきます。

単元の中で誤答率が高かった問題などを掲載すると、家庭でどこに注意して取り組めばよいかが明確になります。テスト終了後にはチェックもしてもらいましょう。

学習の内容をお便りで
伝えるといいんだ！

保護者 ③

保護者に協力してもらうこと

「こうしてほしい」と伝えよう

私のやり方① 学習環境を整える

習慣づけのために、毎日決まった時刻に宿題をさせるように伝えます。

取りかかる前には机の上を片付ける、必要な道具をそろえる、テレビを消すなど、**集中できる環境を整えさせてもらいましょう。**

宿題を終えたかもきちんと見届けてもらいます。

私のやり方② 答え合わせの仕方

低学年は自分で丸つけをするのが難しいため、子供が問題を解き終わるのを見届けたらすぐに、**保護者に確認してもらいます。**

高学年になったら、子供が自分で答え合わせまでし、保護者はそれを確認するだけにしましょう。

私のやり方③ 定期的に約束事を確認

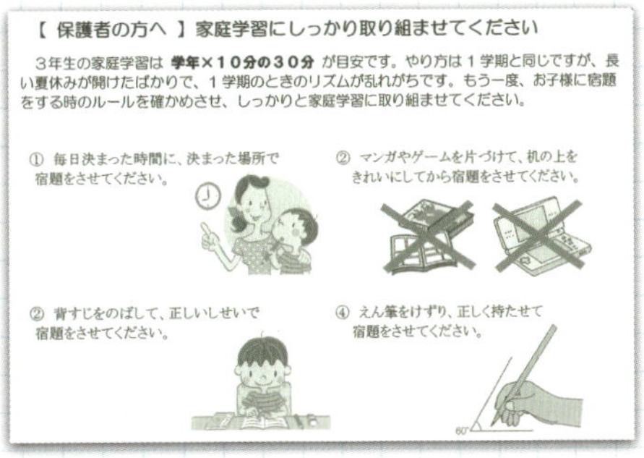

【 保護者の方へ 】家庭学習にしっかり取り組ませてください

3年生の家庭学習は **学年×10分の30分** が目安です。やり方は1学期と同じですが、長い夏休みが開けたばかりで、1学期のときのリズムが乱れがちです。もう一度、お子様に宿題をする時のルールを確かめさせ、しっかりと家庭学習に取り組ませてください。

① 毎日決まった時間に、決まった場所で宿題をさせてください。

② マンガやゲームを片づけて、机の上をきれいにしてから宿題をさせてください。

② 背すじをのばして、正しいしせいで宿題をさせてください。

④ えん筆をけずり、正しく持たせて宿題をさせてください。

数ヶ月おきに、宿題をする時の約束を共通理解させます。

その時の子供たちの様子をお便りで家庭に伝え、学習環境などが乱れていないか、再度保護者に確認してもらいます。特に長期休業明けは、必ず行うようにしましょう。

学校教材活用指導法研究会 実践レポート②

コラム

「フラッシュくりかえし漢字ドリルの活用」

土井国春先生
徳島県東みよし町立
足代小学校
4年担任
(2月現在)

フラッシュくりかえし漢字ドリルの活用

時間は長くても1分 楽しみながら取り組む

「辺り」、「散らす」……

朝から教室には子どもたちの元気な声が響いています。これは本学級の毎朝の風景です。朝の会や朝の自習の時間にフラッシュ型教材を使用していて、時間は長くても1分ほど。子どもたちは楽しみながら集中して取り組んでいて、「わかった」、「答えられた」という実感が得られ、「今日も勉強するぞ!」という一人ひとりの気持ちが高まります。

みんなと声がそろっていくことで学級の一体感も得られます。

画面はとてもシンプルで便利な機能が簡単に使える

読み上げているのは、「フラッシュくりかえし漢字ドリル」の語句や文です。画面は非常にシンプル。単元を選び、語句を答えるか文を答えるかを選ぶだけなので、子どもたちでも十分に操作が可能です。この教材には、漢字の習得や習熟に定評のある「くりかえし漢字ドリル」の語句や文がそのまま収録されています。フラッシュ型教材になったことで次のようなメリットがあります。

①漢字を読む機会が増えるため、自信を持って漢字を読むことができるようになる

この教材を使うと、短時間で漢字の読みの練習をすることができます。提示する漢字の順番やタイミングを変える機能を使うと、楽しみながら変化をつけて何度も繰り返すこともできます。「画面の自動切り替え2秒」に合わせて正しく読めるようになろう、というような目標を立てるとさらに集中して取り組めます。

②教科書の音読や朗読など、読む学習活動にも自信を持って取り組めるようになる

教材に収録されている文や語句、それらの配列などは、新出漢字の教科書での扱われ方を分析して作成されています。教科書本文のキーになる語句や文の音読を繰り返したことで、教科書本文の音読や朗読が活用以前に比べてとても上手になってきたと感じます。

教材の活用を続けることで学習の意欲が高まってくる

教材の活用を続けてきて、漢字を読むことについての自信や意欲が高まってきました。楽しく飽きずに繰り返すことができる仕組みがあり、質の高い教材群で確実に力をつけることができる教材だと感じます。この教材には、1年生から6年生までのすべての漢字ドリルの語句や文が収録されていますので、復習のために使ったり、漢字の先取り学習として用いたりすることができ、幅広い活用が可能です。

教材の活用で培ってきた漢字を読むことに対する自信や意欲の高まりを、今後は、漢字を書くことや作文、日記など日常生活の中で適切に使うことにつなげていこうと思っています。

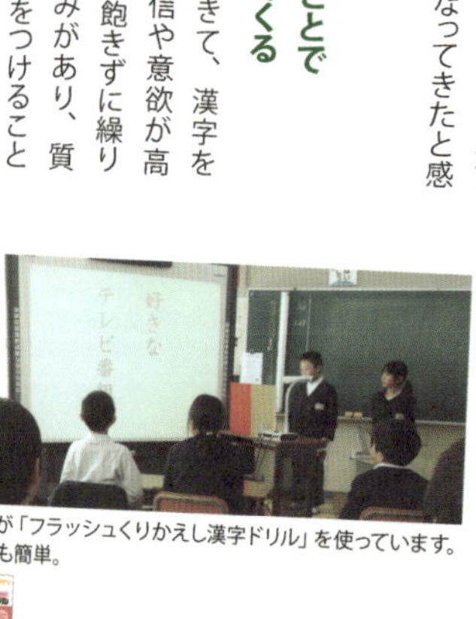

子どもたちが「フラッシュくりかえし漢字ドリル」を使っています。操作はとても簡単。

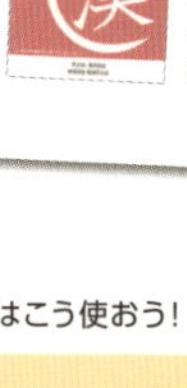

●土井先生が使用した教材
小学校のフラッシュくりかえし漢字ドリル
発行:チエル株式会社

出典 「学校教材はこう使おう! ベテラン先生に学ぶ、学校教材活用法」フリーマガジン『WUTAN22』(NPO法人全国初等教育研究会発行 2013年3月)

第4章

そうだったんだ!

学校教材の秘密
～漢字ドリル編～

わたし、
もっと漢字ドリルのこと
知りたい!
わく
わく
漢字ドリル
編集者
ぼくが
教えてあげましょう!

1 漢字ドリル徹底解剖

ドリルの形の理由

1 細長い理由

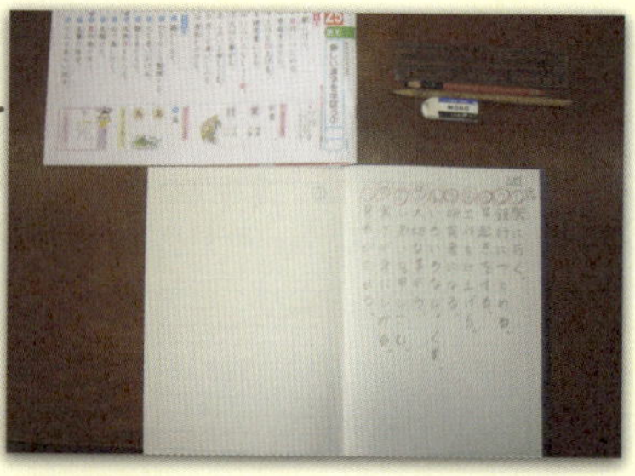

漢字ドリルは、縦15cm、横29cmと細長い形をしています。これは、子供の机のサイズに合わせているからです。ドリルを机の上方に、ノートを下方に置けば、重ならずに机の上に収まるようになっています。このように置くことで、ドリルを見ながらノートに漢字を書くとき、視線の移動が上下だけで済みます。

2 穴が空いている理由

漢字ドリルの右上には穴が空いています。この穴にひもを通して、机の脇に掛けておくことができます。漢字ドリルはノートや教科書より小さいため、紛れてなかなか見つけられない子供が出てきます。そうならないようにするための配慮です。

★ 40年前から変わらぬ形

右の写真は約40年前の漢字ドリルです。基本的な形・構成は変わっていません。以前の表紙は犬や猫の写真が主流でした。キャラクターが使われだしたのは平成10年頃のことです。

基本の3構成

子供が自学自習しやすいようにシンプルな構成になっています。

1 <新しい漢字>のページで覚える!

新出漢字の読み方や書き順、使い方などを覚えます。

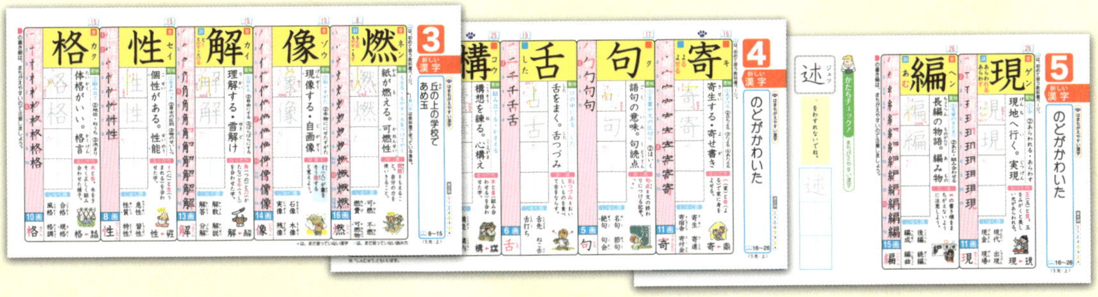

2 <読む><書く>のページで練習する!

<読む><書く>には新出漢字を使った例文があります。これをノートに繰り返し書いて練習します。

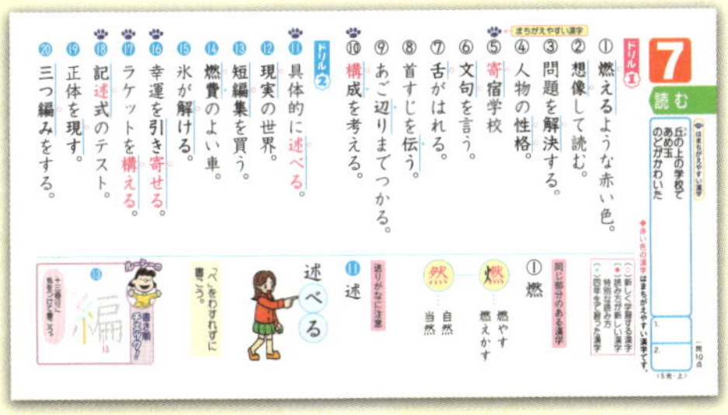

3 <力だめし> <しあげ>のページで確かめる!

<力だめし>は中間のまとめ、<しあげ>は期末のまとめです。
練習した漢字を覚えられたか、ワークテスト前などに確かめます。

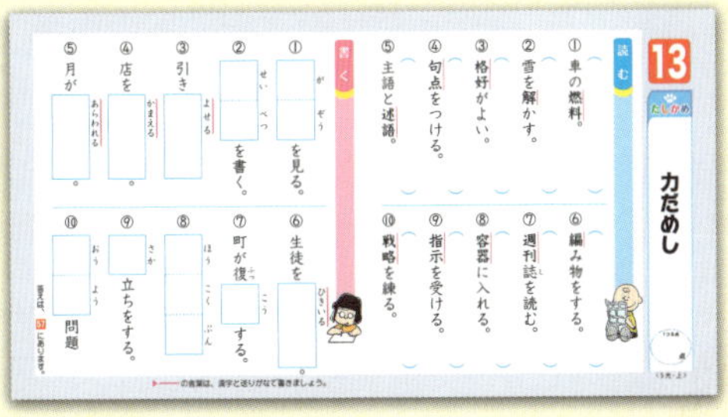

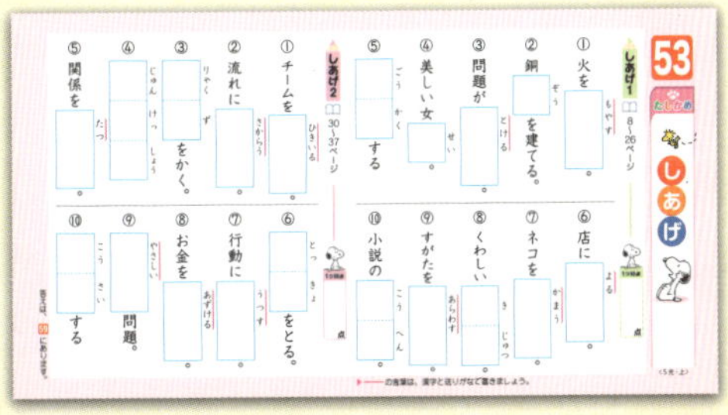

次のページから、もっとくわしく見ていきましょう。

2 漢字ドリル 徹底解剖

＜新しい漢字＞のページ

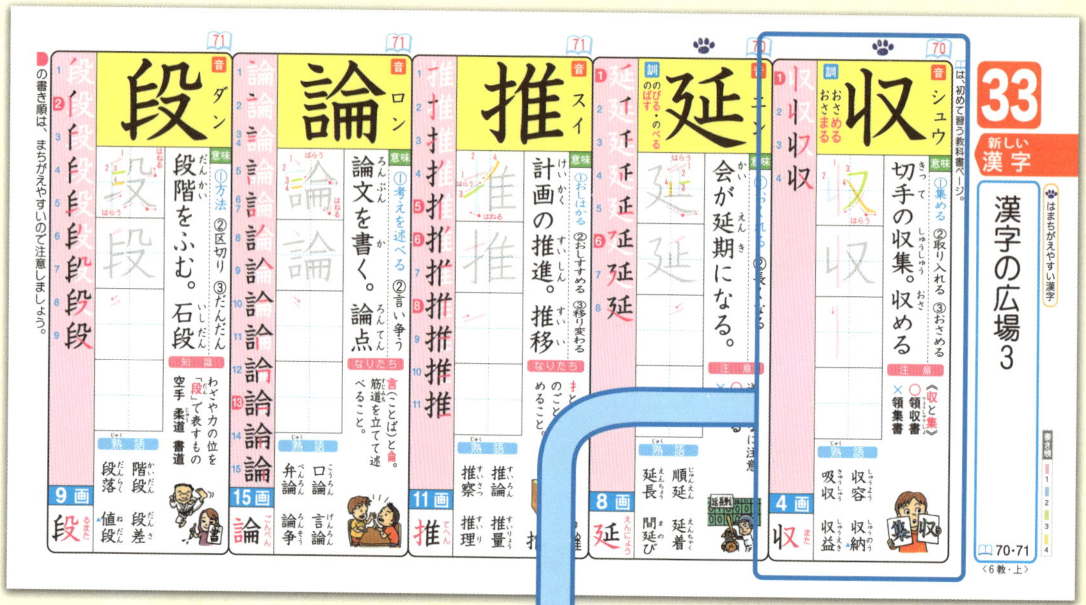
33
新しい漢字
漢字の広場3
はまちがえやすい漢字
70・71
〈6教・上〉
□は、初めて習う教科書ページ。
70
収
音 シュウ
訓 おさめる おさまる
意味 ①集める ②取り入れる ③おさめる
切手《きって》の収集《しゅうしゅう》。収《おさ》める
注意 《収と集》 ○領収書《りょうしゅうしょ》 ×領集書
熟語 収容《しゅうよう》 収納《しゅうのう》 吸収《きゅうしゅう》 収益《しゅうえき》
4画 収 また
延
音 エン
訓 のびる・のべる のばす
会《かい》が延期《えんき》になる。
注意
熟語 順延《じゅんえん》 延着《えんちゃく》 延長《えんちょう》 間延《まの》び
8画 延 えんにょう
71
推
音 スイ
意味 ①おしはかる ②おしすすめる ③移り変わる
計画《けいかく》の推進《すいしん》。推移《すいい》
なりたち
熟語 推論《すいろん》 推量《すいりょう》 推察《すいさつ》 推理《すいり》
11画 推 てへん
71
論
音 ロン
意味 ①考えを述べる ②言い争う
論文《ろんぶん》を書《か》く。論点《ろんてん》
なりたち 言(ことば)と侖。筋道《すじみち》を立てて述べること。
熟語 口論《こうろん》 言論《げんろん》 弁論《べんろん》 論争《ろんそう》
15画 論 ごんべん
71
段
音 ダン
意味 ①方法 ②区切り ③だんだん
段階《だんかい》をふむ。石段《いしだん》
知識 わざや力の位を「段《だん》」で表すもの 空手 柔道 書道
熟語 階段《かいだん》 段差《だんさ》 段落《だんらく》 値段《ねだん》
9画 段 るまた
●の書き順は、まちがえやすいので注意しましょう。

★いろいろな情報が満載

漢字の学習に必要な情報がギュッと詰まっています。

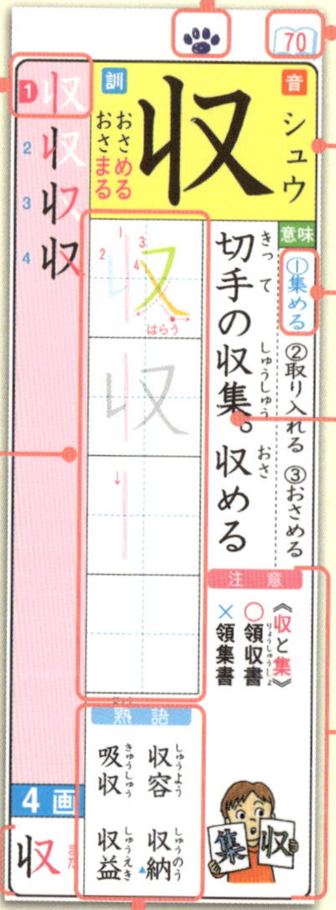
70
収
音 シュウ
訓 おさめる おさまる
意味 ①集める ②取り入れる ③おさめる
切手《きって》の収集《しゅうしゅう》。収《おさ》める
注意 《収と集》 ○領収書 ×領集書
熟語 収容《しゅうよう》 収納《しゅうのう》 吸収《きゅうしゅう》 収益《しゅうえき》
4画 収 また

間違えやすい漢字を表すマーク。

教科書のページ数。

音と訓を習う3年生用から分けて表記。

筆順を1画ずつ分解。間違えやすいところには印がついています。

教科書で使われている意味を青色にしています。

漢字の練習欄です。

1マス目…筆順や字形に注目しながらなぞります。

2マス目…もう一度なぞります。

3マス目…1画目だけなぞり、続きも書きます。

4マス目…しっかり書けるようになったか確かめます。

教科書で習った読みを使った用例→別の読みを使った用例の順に掲載。

漢字の成り立ちや、使い方に関する知識や注意をイラストつきで紹介。

画数と部首。

教科書以外の熟語で語彙を増やします。

★教科書ごとの配慮

小学校の国語の教科書は、数社から発行されていますが、題材はもちろんのこと、漢字の扱い方についてもそれぞれ特徴があります。そのため、漢字ドリルも教科書の特徴に合わせて作成しています。

字形…ある教科書では「発」の字形が平成17年度版と平成23年度版で変わりました。これに合わせてドリルでも右のように字形を変更しました。

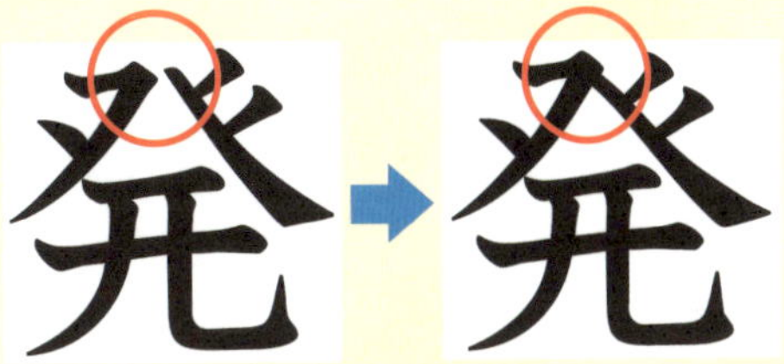

平成17年度版　平成23年度版

読み…教科書によっては、巻末の一覧表にしか表記されていない読みがあります。学習もれを防ぐため、ドリルでは<新しい漢字>のページで読みを網羅しています。

部首…教科書によって部首や部首名が異なる場合があります。「我」という字は、下のように扱い方が異なる例です。

教科書A

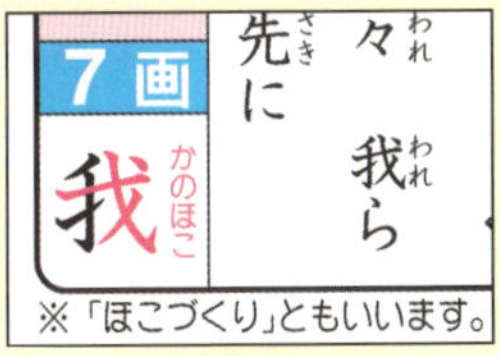

教科書B

教科書C

教科書D

教科書E

★学年ごとの配慮

学年によって学習内容や学習能力は異なります。それぞれの発達段階を考慮して、漢字ドリルは1年生用・2年生用・3年生用・4〜6年生用で内容やレイアウトを変えています。

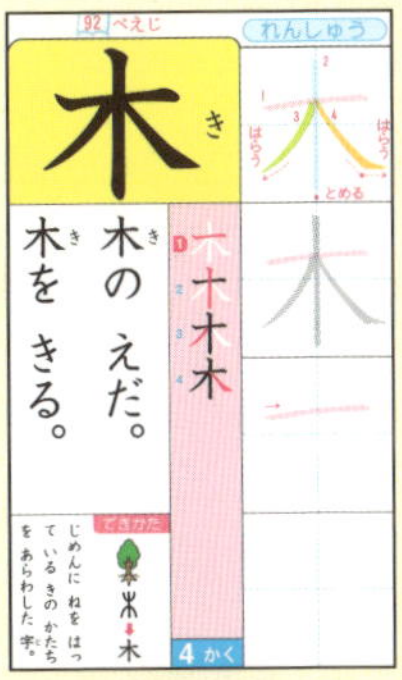

1年生用

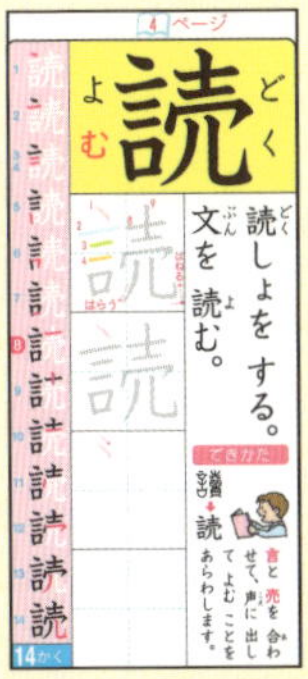

2年生用

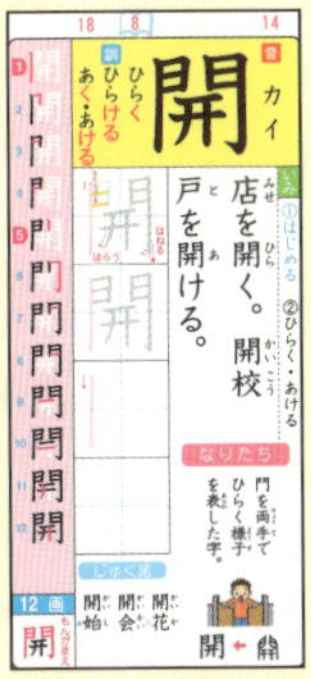

3年生用

主な違い

- 低学年ほど、文字は大きく見やすくし、練習欄も書きやすく大きくしています。
- へんとつくりは3年で学習するため、1・2年生用には部首を入れていません。
- カタカナは1・2年の2年間で学習するため、音読みをカナ表記するのは3年生用からです。
- 音と訓は3年で学習するため、音訓の記号は3年生用から使います。

3 漢字ドリル 徹底解剖

＜読む＞のページ

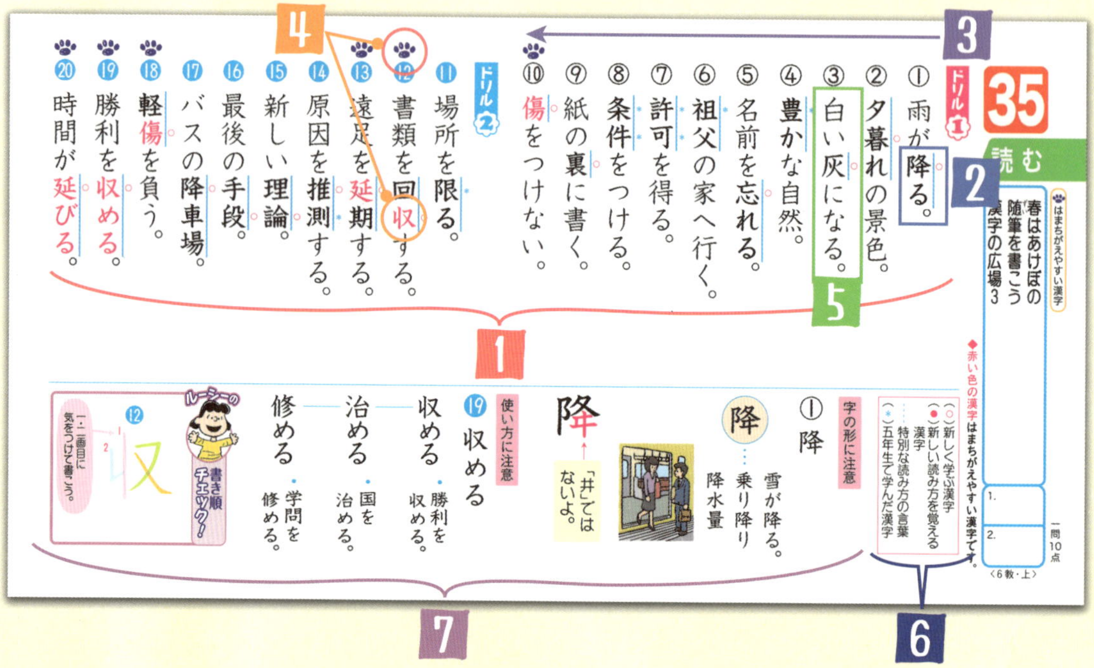

35
読む
はまちがえやすい漢字
春はあけぼの
随筆を書こう
漢字の広場3
一問10点
1.
2.
〈6教・上〉
◆赤い色の漢字はまちがえやすい漢字です。
ドリル1
①雨が降る。
②夕暮れの景色。
③白い灰になる。
④豊かな自然。
⑤名前を忘れる。
⑥祖父の家へ行く。
⑦許可を得る。
⑧条件をつける。
⑨紙の裏に書く。
⑩傷をつけない。
ドリル2
⑪場所を限る。
⑫書類を回収する。
⑬遠足を延期する。
⑭原因を推測する。
⑮新しい理論。
⑯最後の手段。
⑰バスの降車場。
⑱軽傷を負う。
⑲勝利を収める。
⑳時間が延びる。
(○)新しく学ぶ漢字
(●)新しい読み方を覚える漢字
特別な読み方の言葉
(＊)五年生で学んだ漢字
字の形に注意
①降
降
雪が降る。
乗り降り
降水量
「井」ではないよ。
使い方に注意
⑲収める
収める
・勝利を収める。
治める
・国を治める。
修める
・学問を修める。
ルーシーの書き順チェック！
⑫
一・二画目に気をつけて書こう。
1
2
3
4
5
6
7

★＜読む＞＜書く＞の特長と工夫

1 漢字ドリルでは、＜読む＞のページの裏が＜書く＞のページになっています。そして、＜読む＞と＜書く＞にはすべて同じ文が並んでいます。違うのは、＜書く＞がすべて平仮名になっていることです。このしくみによって、ページを裏返すだけで簡単に答え合わせができるようになっています。

2 ＜読む＞の①では「降る」が太字になっており、青い線が引いてあります。同様に、＜書く＞の①では「ふる」が太字になっています。これは「降る」が新出漢字（または読み替え・熟字訓）であることを示しています。1文を書かせるには時間が足りないときには、「太字の漢字を書きましょう」と指示することも可能です。

3 ①から⑳の問題順は教科書の掲載順です。例えば、①「降」は教科書のp.62、②「暮」p.63、③「灰」p.64、…といった具合です。そのため、「今日は①から⑤まで」など、教科書の進度に合わせて区切って学習することもできます。また、この20問で当該単元の新出漢字を網羅するように作成し、新出漢字で20問にならない場合には、読み替え・熟字訓、新出漢字の別の読み、既習漢字という順で問題を追加しています。

4 ＜新しい漢字＞のページに付いている「間違えやすい漢字」マークは、＜読む＞＜書く＞にも付いていますので、意識しながら練習することができます。

<書く>のページ

36 かく

はまちがえやすい漢字

春はあけぼの
随筆をかこう
漢字の広ば3

◆赤いいろの字はまちがえやすい漢字です。

一問10点

1.
2.

〈6教・上〉

ドリル1

① あめがふる。
② ゆうぐれのけしき。
③ しろいはいになる。
④ ゆたかなしぜん。
⑤ なまえをわすれる。
⑥ そふのいえへいく。
⑦ きょかをえる。
⑧ じょうけんをつける。
⑨ かみのうらにかく。
⑩ きずをつけない。

ドリル2

⑪ ばしょをかぎる。
⑫ しょるいをかいしゅうする。
⑬ えんそくをえんきする。
⑭ げんいんをすいそくする。
⑮ あたらしいりろん。
⑯ さいごのしゅだん。
⑰ バスのこうしゃじょう。
⑱ けいしょうをおう。
⑲ しょうりをおさめる。
⑳ じかんがのびる。

〰の言葉は、送りがなに気をつけましょう。
―や‥‥の言葉も、かいてみましょう。

5 <読む><書く>では、教科書と同じ語句を、できるだけ教科書に近い文で出題するようにしています。ただし、教科書の語句や文が一般的な表現でなかったり、1文を抜き出しただけでは不自然になったりする場合には変更します。

6 新出漢字には○、読みかえ漢字には●の記号をつけ、熟字訓には破線を引いて区別がつくようにしています。新出漢字や読みかえの表現も教科書によって異なりますので、子供が混乱しないように、教科書に合わせた表記にしています。

教科書ごとの微妙な表現の違いにも対応！

教科書A	教科書B	教科書C	教科書D
(○)新しく学習する漢字	(○)新しい漢字	(○)新しく出た漢字	(○)新しく学ぶ漢字
(●)読み方が新しい漢字	(●)読みかえの漢字	(●)読みかえの漢字	(●)新しい読み方を覚える漢字
‐‐‐特別な読み方	‐‐‐特別な読み方	‐‐‐特別な読み方	‐‐‐特別な読み方の言葉
(＊)五年生で習った漢字	(＊)五年生で習った漢字	(＊)五年生で習った漢字	(＊)五年生で学んだ漢字

7 同じ部首の漢字、形の似ている漢字、同音異義語、同訓異字、反対語などを扱ったコラムです。バラバラに覚えてきた漢字を系統立てて学習することができます。

8 「書」は学習済みなのに「かく」「かこう」「かいて」と平仮名になっています。これは、問い⑨に「かみのうらにかく」と「書く」を問う設問があるからです。<書く>のページはミニテストで使われることがあるため、このような配慮をしています。

4 漢字ドリル 徹底解剖

<力だめし><しあげ><まとめ>のページ

漢字ドリルには、<力だめし><しあげ><まとめ>という復習問題のページを設けています。<読む><書く>で練習した漢字を覚えたか確かめられます。

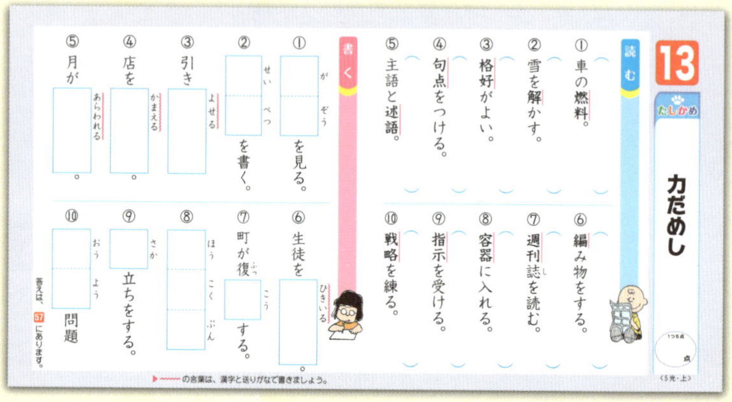

13
たしかめ
力だめし
読む
① 車の燃料。
② 雪を解かす。
③ 格好がよい。
④ 句点をつける。
⑤ 主語と述語。
⑥ 編み物をする。
⑦ 週刊誌《し》を読む。
⑧ 容器に入れる。
⑨ 指示を受ける。
⑩ 戦略を練る。
書く
① □《がぞう》を見る。
② □《せいべつ》を書く。
③ 引き□《よせる》。
④ 店を□《かまえる》。
⑤ 月が□《あらわれる》。
⑥ 生徒を□《ひきいる》。
⑦ 町が復《ふっ》□《こう》する。
⑧ □《ほうこくぶん》。
⑨ □《さか》立ちをする。
⑩ □《おうよう》問題
答えは、57にあります。
1つ5点 点
▶〜〜の言葉は、漢字と送りがなで書きましょう。
〈5光・上〉

<力だめし>
中間のまとめ

・数単元ごとにあるまとめ問題です。新出漢字を練習してから少し時間が経ち、忘れかけたころに取り組みます。

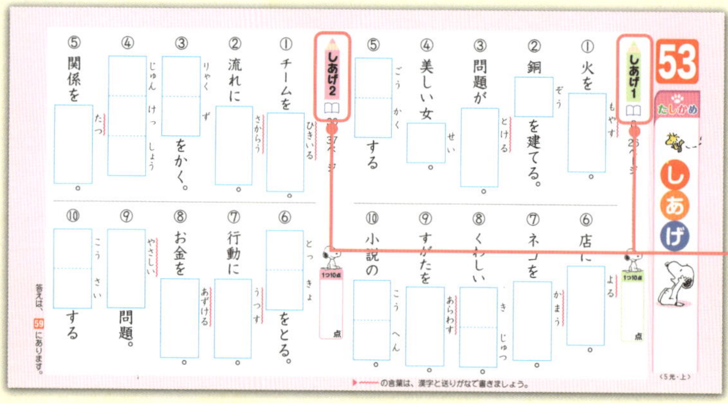

53
たしかめ
しあげ
しあげ1
① 火を□《もやす》。
② 銅□《ぞう》を建てる。
③ 問題が□《とける》。
④ 美しい女□《せい》。
⑤ □《ごうかく》する
⑥ 店に□《よる》。
⑦ ネコを□《かまう》。
⑧ くわしい□《きじゅつ》。
⑨ すがたを□《あらわす》。
⑩ 小説の□《こうへん》。
1つ10点 点
しあげ2
① チームを□《ひきいる》。
② 流れに□《さからう》。
③ □《りゃくず》をかく。
④ □《じゅんけっしょう》。
⑤ 関係を□《たつ》。
⑥ □《とっきょ》をとる。
⑦ 行動に□《うつす》。
⑧ お金を□《あずける》。
⑨ □《やさしい》問題。
⑩ □《こうさい》する
1つ10点 点
答えは、59にあります。
▶〜〜の言葉は、漢字と送りがなで書きましょう。
〈5光・上〉

<しあげ>
期末のまとめ

・各学期のドリルの巻末にあるまとめ問題です。
・教科書の掲載順に問題が並んでいるので、期末だけでなく、新出漢字を習った直後に使うこともできます。

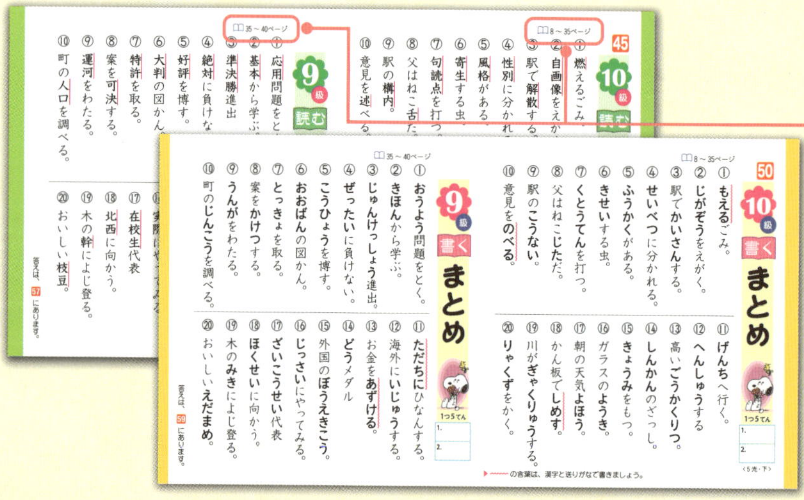

45
10級 読む
8〜35ページ
① 燃えるごみ
② 自画像をえが
③ 駅で解散する
④ 性別に分かれ
⑤ 風格がある
⑥ 寄生する虫
⑦ 句読点を打つ
⑧ 父はねこ舌だ
⑨ 駅の構内。
⑩ 意見を述べる。
9級 読む
35〜40ページ
① 応用問題をと
② 基本から学ぶ
③ 準決勝進出
④ 絶対に負けな
⑤ 好評を博す。
⑥ 大判の図かん
⑦ 特許を取る。
⑧ 案を可決する。
⑨ 運河をわたる。
⑩ 町の人口を調べる。
⑰ 在校生代表
⑱ 北西に向かう。
⑲ 木の幹によじ登る。
⑳ おいしい枝豆。
答えは、57にあります。
50
10級 書く まとめ
8〜35ページ
① もえるごみ。
② じがぞうをえがく。
③ 駅でかいさんする。
④ せいべつに分かれる。
⑤ ふうかくがある。
⑥ きせいする虫。
⑦ くとうてんを打つ。
⑧ 父はねこじただ。
⑨ 駅のこうない。
⑩ 意見をのべる。
⑪ げんちへ行く。
⑫ へんしゅうする
⑬ 高いごうかくりつ。
⑭ しんかんのざっし。
⑮ きょうみをもつ。
⑯ ガラスのようき。
⑰ 朝の天気よほう。
⑱ かん板でしめす。
⑲ 川がぎゃくりゅうする。
⑳ りゃくずをかく。
1つ5てん
9級 書く まとめ
35〜40ページ
① おうよう問題をとく。
② きほんから学ぶ。
③ じゅんけっしょう進出。
④ ぜったいに負けない。
⑤ こうひょうを博す。
⑥ おおばんの図かん。
⑦ とっきょを取る。
⑧ 案をかけつする。
⑨ うんがをわたる。
⑩ 町のじんこうを調べる。
⑪ ただちにひなんする。
⑫ 海外にいじゅうする。
⑬ お金をあずける。
⑭ どうメダル
⑮ 外国のぼうえきこう。
⑯ じっさいにやってみる。
⑰ ざいこうせい代表
⑱ ほくせいに向かう。
⑲ 木のみきによじ登る。
⑳ おいしいえだまめ。
1つ5てん
答えは、59にあります。
▶〜〜の言葉は、漢字と送りがなで書きましょう。
〈5光・下〉

<まとめ>
学年のまとめ

・学年末にあるまとめ問題です。
・<しあげ>と同様に教科書の掲載順に問題が並んでいます。
・3〜6年生用は、「読む」「書く」で200問ずつあるので、全漢字を復習できます。
・1・2年生用は、誌面に直接書き込める形式になっています。

＜漢字ポケット＞のページ

＜漢字ポケット＞は特集ページです。同じ部首の漢字、似ている漢字、反対語、同音異義語、同訓異字など、視点を変えて漢字を復習できます。

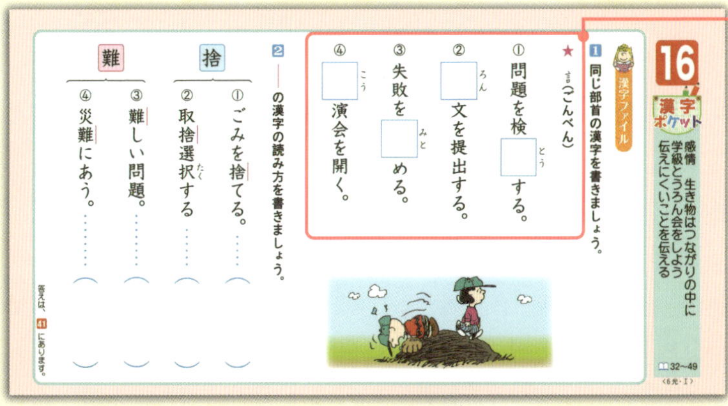

16
漢字ポケット
感情 生き物はつながりの中に
学級とうろん会をしよう
伝えにくいことを伝える
32〜49
〈6光・I〉
漢字ファイル
1 同じ部首の漢字を書きましょう。
★ 言(ごんべん)
① 問題を検□《とう》する。
② □《ろん》文を提出する。
③ 失敗を□《みと》める。
④ □《こう》演会を開く。
2 ――の漢字の読み方を書きましょう。
捨
① ごみを捨てる。
② 取捨選択《たく》する
難
③ 難しい問題。
④ 災難にあう。
答えは、41にあります。

・例えば、「討」と「論」を習った単元では、同じごんべんの漢字である「認」「講」も合わせて出題。新出漢字と既出漢字を関連付けて学習できるようにしています。

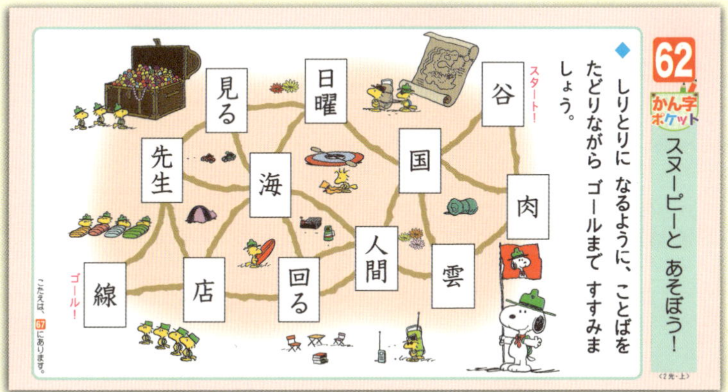

62
かん字ポケット
スヌーピーと あそぼう!
しりとりに なるように、ことばを たどりながら ゴールまで すすみましょう。
スタート!
谷
日曜
見る
国
肉
先生
海
人間
雲
線
店
回る
ゴール!
こたえは、67にあります。
〈2光・上〉

・低学年の場合は、しりとりのような内容も盛り込んでいます。

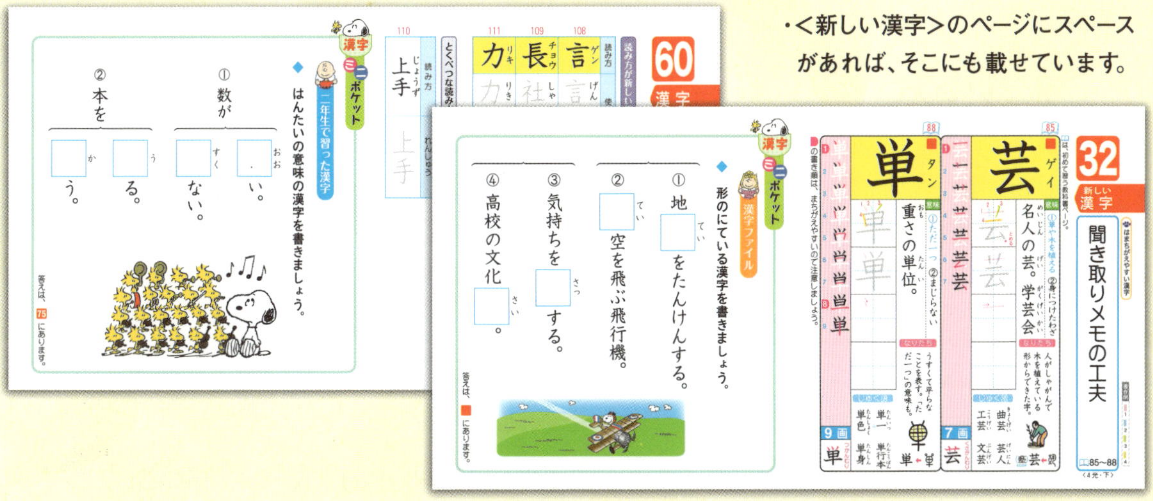

60
漢字
読み方が新しい
読み方
言 ゲン
長 チョウ
力 リキ
とくべつな読み方
上手《じょうず》
漢字ミニポケット
二年生で習った漢字
はんたいの意味の漢字を書きましょう。
① 数が □《おお》い。 □《すく》ない。
② 本を □《う》る。 □《か》う。
答えは、75にあります。
32
新しい漢字
聞き取りメモの工夫
85〜88
〈4光・下〉
芸 ゲイ
名人《めいじん》の芸《げい》。学芸会《がくげいかい》
なりたち
人がしゃがんで木を植えている形からできた字。
曲芸《きょくげい》 芸人《げいにん》 工芸《こうげい》 文芸《ぶんげい》
7画
単 タン
重《おも》さの単位《たんい》。
なりたち
うすくて平らなことを表す。「ただ一つ」の意味も。
単一《たんいつ》 単行本《たんこうぼん》 単色《たんしょく》 単身《たんしん》
9画
の書き順は、まちがえやすいので注意しましょう。
漢字ミニポケット
漢字ファイル
形のにている漢字を書きましょう。
① 地□《てい》をたんけんする。
② □《てい》空を飛ぶ飛行機。
③ 気持ちを□《さっ》する。
④ 高校の文化□《さい》。
答えは、■にあります。

・＜新しい漢字＞のページにスペースがあれば、そこにも載せています。

5 漢字ドリル 徹底解剖

巻頭の<漢字一覧表>

漢字ドリルの巻頭4ページでは、その学年で学習するすべての漢字を学習順に掲載しています。

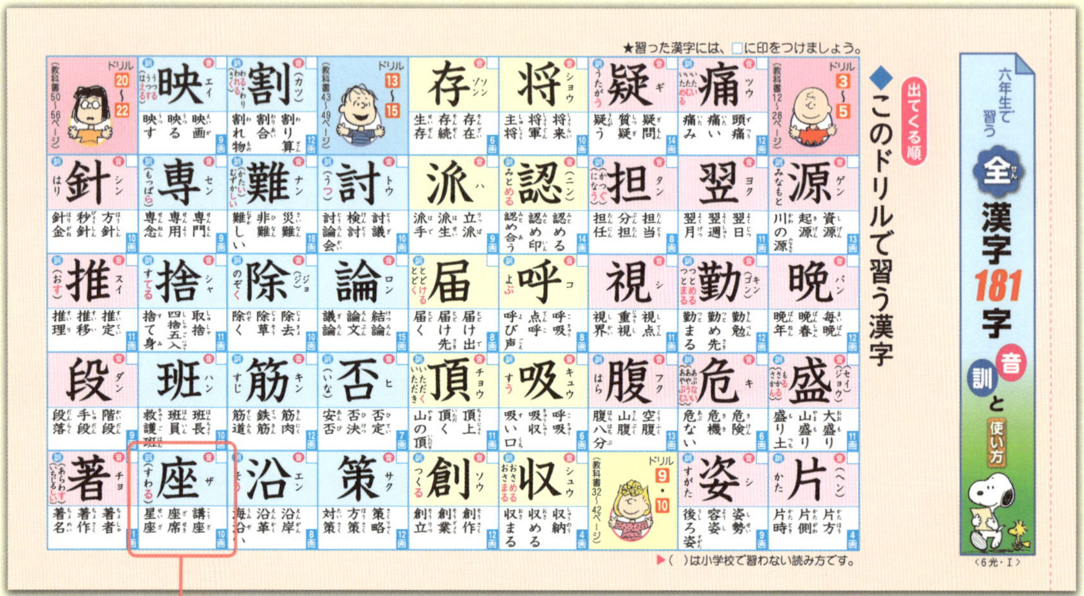

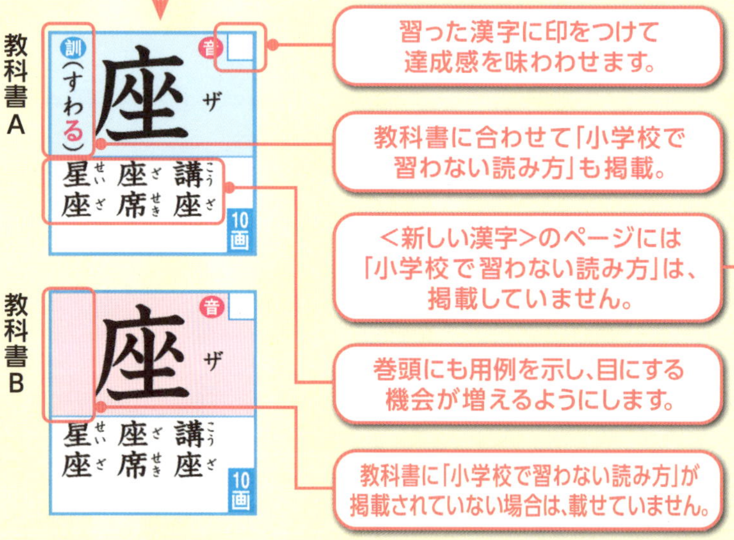

「座」の「すわ-る」は「小学校で習わない読み方」ですが、巻末の一覧表に掲載している教科書もあります。その場合、ドリルでは巻頭の<漢字一覧表>に掲載しています。ただし、覚える必要はありませんので、<新しい漢字>のページには掲載していません。

巻末の<答え><漢字バッチリ表>

漢字ドリルの巻末には、<力だめし>や<しあげ>などの答えのページや<漢字バッチリ表>があります。

57
答え
2 たしかめ 四年のふく習
5 新しい漢字 のどかがわいた
6 漢字ポケット
13 たしかめ 力だめし
〈5光・上〉
同じ誌面なので照合しやすい。

13
たしかめ
力だめし
〈5光・上〉

<答え>のページ

・問題ページそのままの誌面に赤字で答えを入れた形にして、答え合わせしやすくしています。

くりかえし漢字ドリル
漢字バッチリ表

<漢字バッチリ表>

・学習したページにシールを貼ったり印をつけたりして、達成感を感じ意欲的に取り組めるように工夫しています。

・一覧できるので、教師と子供はもちろん、保護者も学習の進捗状況をつかむことができます。

6 漢字ドリル 付属教材

『漢字ドリルノート』（別売）

『漢字ドリルノート』は、漢字ドリルに完全対応した専用のノートです。漢字ドリルの＜新しい漢字＞＜読む＞＜書く＞の展開に沿っており、自学自習しやすいつくりになっています。なぞり文字も入っているので、ノート指導の入門期に最適です。

＜新しい漢字＞のページ

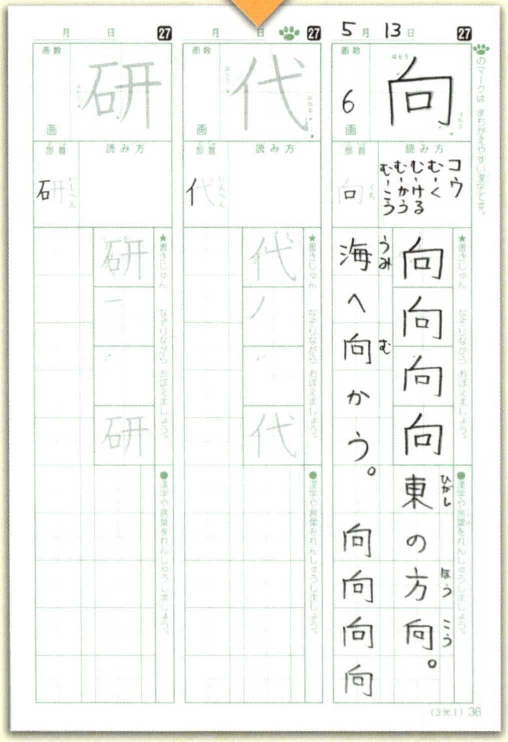

漢字をなぞって練習したり、ドリルを見ながら読み方や画数、例文や熟語を写し書きしたりします。

＜読む＞のページ

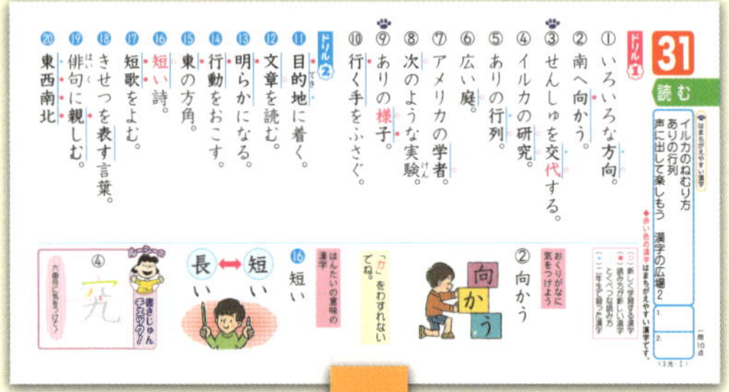

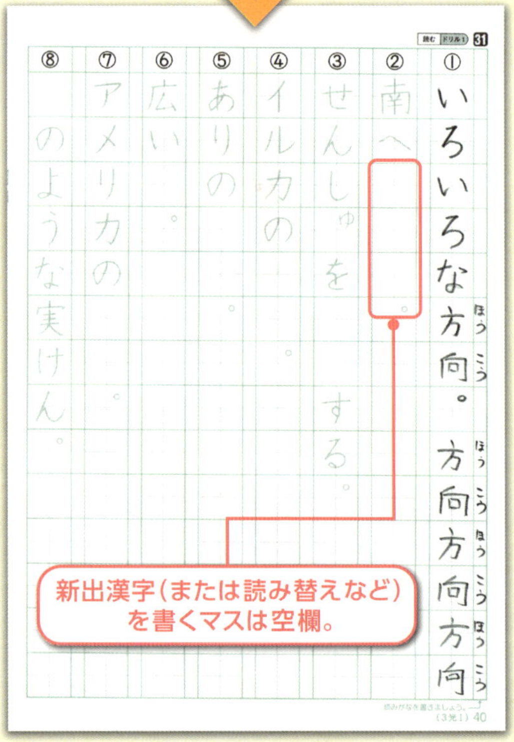
新出漢字（または読み替えなど）を書くマスは空欄。

文字をなぞって練習します。新出漢字（または読み替えなど）は空欄になっているので、ドリルを見ながら写し書きをします。

『漢字のたしかめ』(別売)

『漢字のたしかめ』は、漢字ドリルに完全対応したプリント（ミニテスト）です。漢字ドリルの<書く>と全く同じ問題になっているので、漢字練習の成果を確かめるのに適しています。

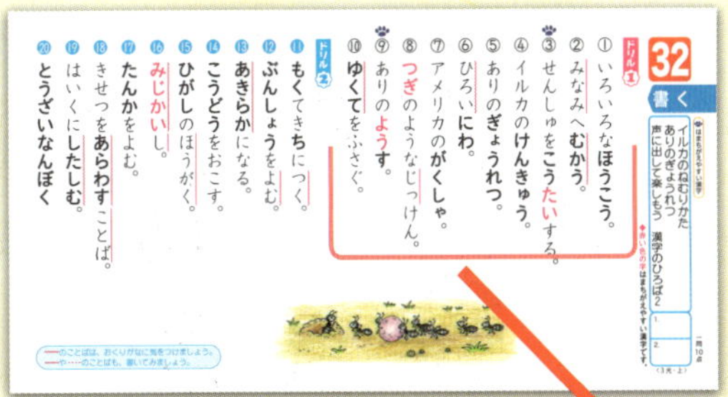
32 書く
イルカのねむりかた　ありのぎょうれつ　声に出して楽しもう　漢字のひろば2
ドリル1
① いろいろなほうこう。
② みなみへむかう。
③ せんしゅをこうたいする。
④ イルカのけんきゅう。
⑤ ありのぎょうれつ。
⑥ ひろいにわ。
⑦ アメリカのがくしゃ。
⑧ つぎのようなじっけん。
⑨ ありのようす。
⑩ ゆくてをふさぐ。
ドリル2
⑪ もくてきちにつく。
⑫ ぶんしょうをよむ。
⑬ あきらかになる。
⑭ こうどうをおこす。
⑮ ひがしのほうがく。
⑯ みじかいし。
⑰ たんかをよむ。
⑱ きせつをあらわすことば。
⑲ はいくにしたしむ。
⑳ とうざいなんぼく
——のことばは、おくりがなに気をつけましょう。
——や……のことばも、書いてみましょう。

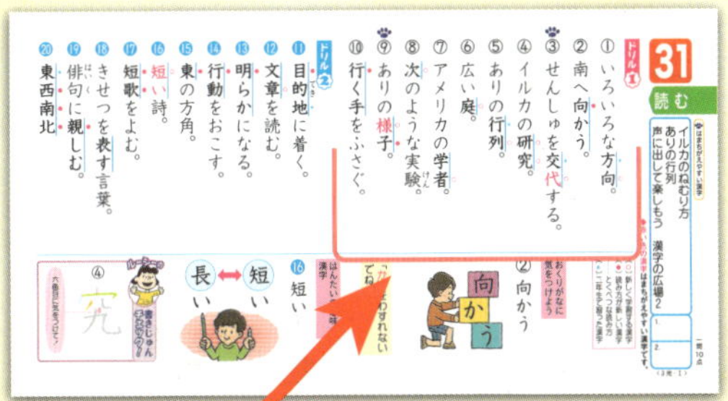
31 読む
イルカのねむり方　ありの行列　声に出して楽しもう　漢字の広場2
ドリル1
① いろいろな方向。
② 南へ向かう。
③ せんしゅを交代する。
④ イルカの研究。
⑤ ありの行列。
⑥ 広い庭。
⑦ アメリカの学者。
⑧ 次のような実験《けん》。
⑨ ありの様子。
⑩ 行く手をふさぐ。
ドリル2
⑪ 目的《てき》地に着く。
⑫ 文章を読む。
⑬ 明らかになる。
⑭ 行動をおこす。
⑮ 東の方角。
⑯ 短い詩。
⑰ 短歌をよむ。
⑱ きせつを表す言葉。
⑲ 俳《はい》句《く》に親しむ。
⑳ 東西南北

<書く>と同じ問題でミニテスト。

<読む>で答え合わせ。

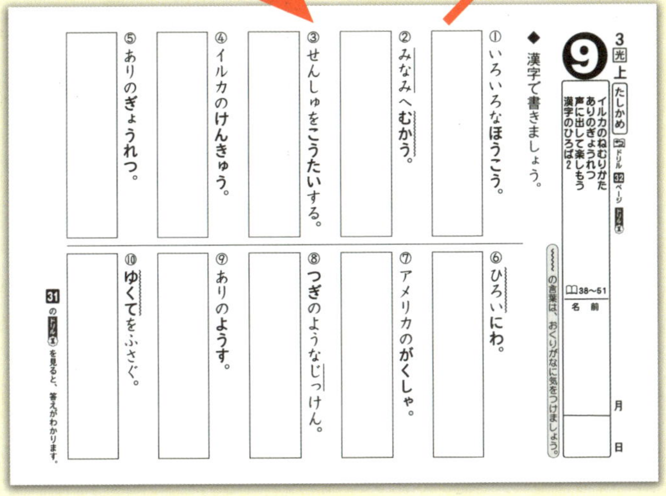
3 光 上
⑨ たしかめ
イルカのねむりかた　ありのぎょうれつ　声に出して楽しもう　漢字のひろば2
ドリル 32ページ ドリル1
38〜51
名前
月　日
◆漢字で書きましょう。
① いろいろなほうこう。
② みなみへむかう。
③ せんしゅをこうたいする。
④ イルカのけんきゅう。
⑤ ありのぎょうれつ。
⑥ ひろいにわ。
⑦ アメリカのがくしゃ。
⑧ つぎのようなじっけん。
⑨ ありのようす。
⑩ ゆくてをふさぐ。
～～の言葉は、おくりがなに気をつけましょう。
31 のドリル1 を見ると、答えがわかります。

用途に合わせて、トジ・バラの2形態から選べる

『漢字のたしかめ』は、トジ（本の形態で切り取り式）とバラ（1枚ずつのプリント）があり、どちらかを選ぶことができます。日頃から子供に持たせるならトジ、教師が保管して実施時に配布するならバラが適しています。

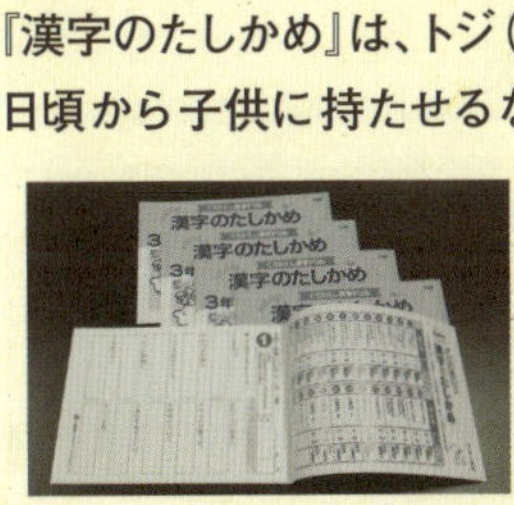

トジ

- 子供が保管
- 自主的に取り組める（予習・復習向き）

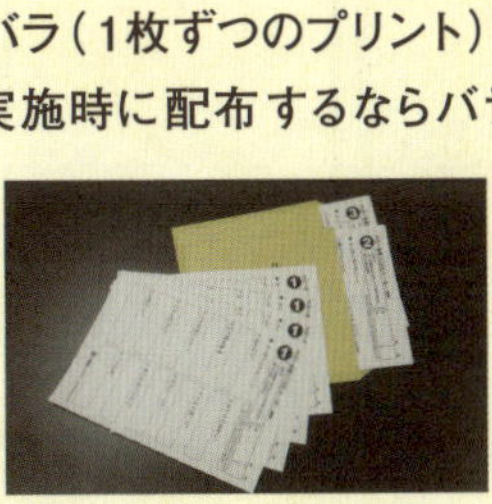

バラ

- 教師が保管
- 実施時に配布（テスト向き）

7 漢字ドリル
付属教材

『漢字デジドリル』(教師用付録)

『漢字デジドリル』は、教師用DVD-ROMとして漢字ドリルに付属しているデジタル教材。いわばデジタル版の漢字ドリルです。ドリルの＜新しい漢字＞と同じ内容を電子黒板などに投影することができ、より効果的に漢字指導を行うことができます。

筆順アニメーションで集中

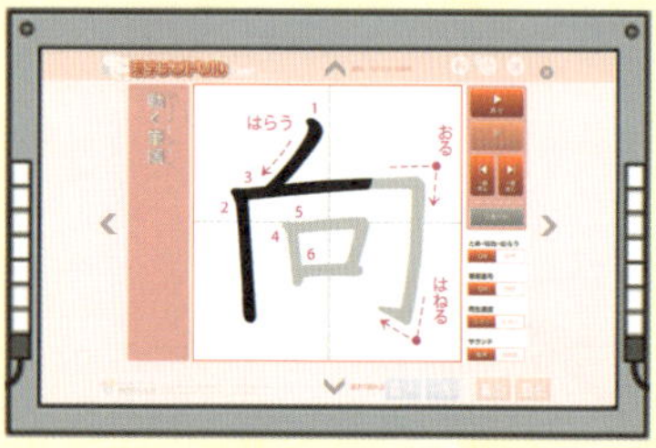

アニメーションで楽しく集中して漢字の筆順を学べます。教師は机間指導をしながら、子供の動きを確認できます。

ドリルの誌面と画面が同じ

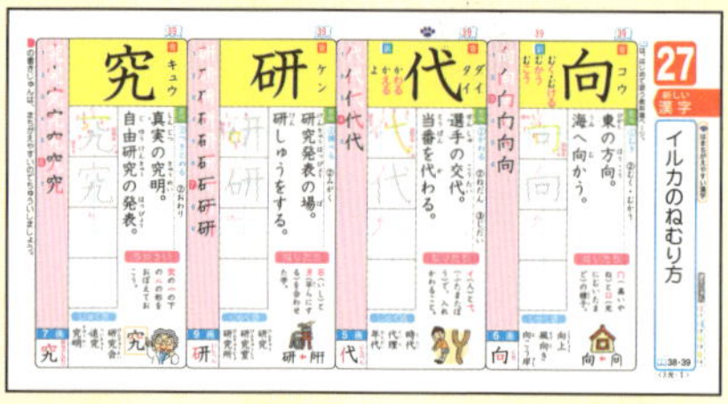

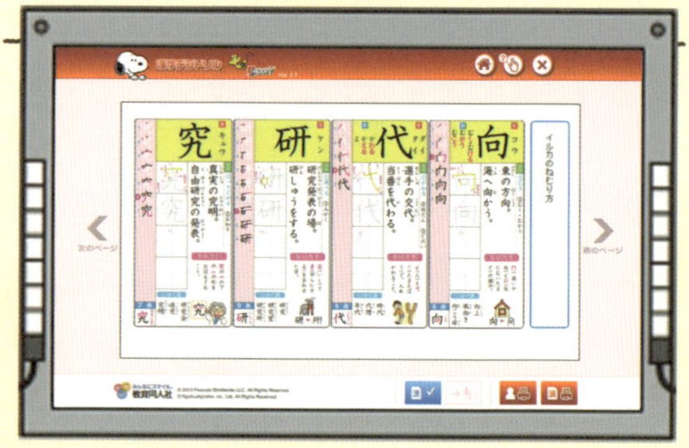

手元にある漢字ドリルと表示される画面が同じなので、教師にも子供たちにも分かりやすくなっています。

ワンクリックで各部分を拡大

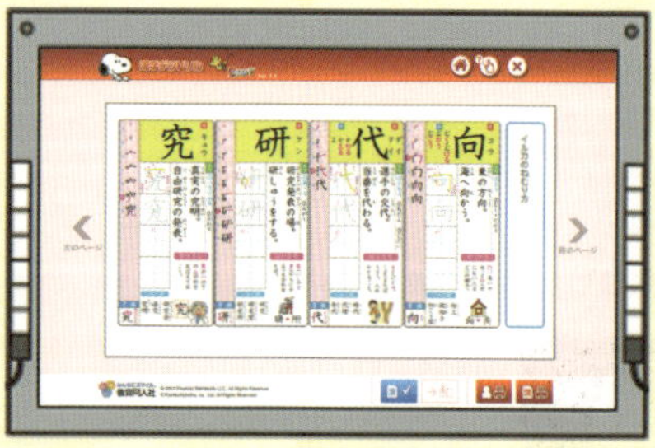

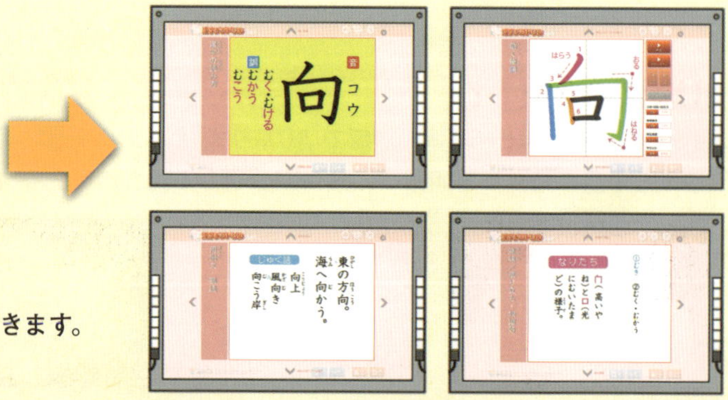

拡大したいところをクリックするだけで拡大できます。直感的な操作なので迷うことはありません。

『ココ見て！漢字マスクシート』（教師用付録）

漢字指導の際、実物投影機で漢字ドリルを映すのは有効な指導方法です。しかし必要のない部分まで映るため、どこを見たらよいのか子供が戸惑ってしまうという欠点も…。これを解決するためのツールが『ココ見て！漢字マスクシート』です。

不要な部分を隠して集中させる

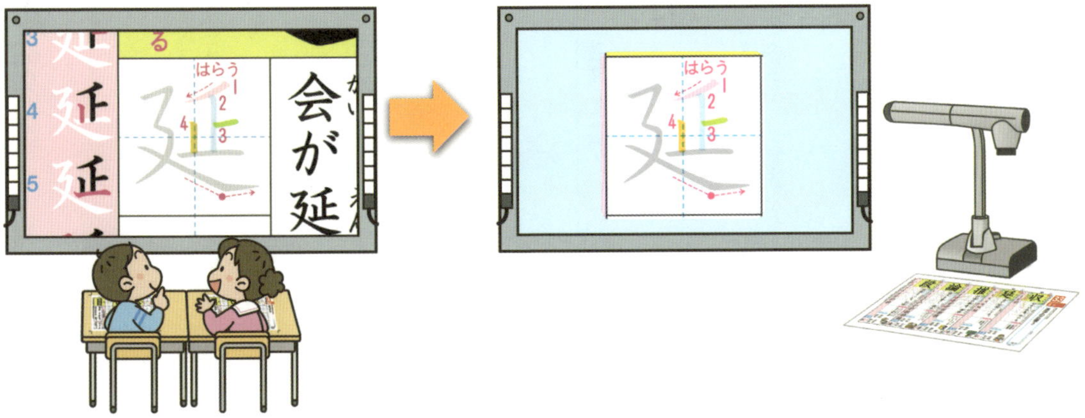

不要な部分を隠して見せたいところだけを映すことで、どこを学ぶのかのポイントが絞れます。

＜新しい漢字＞ページの各部分に対応

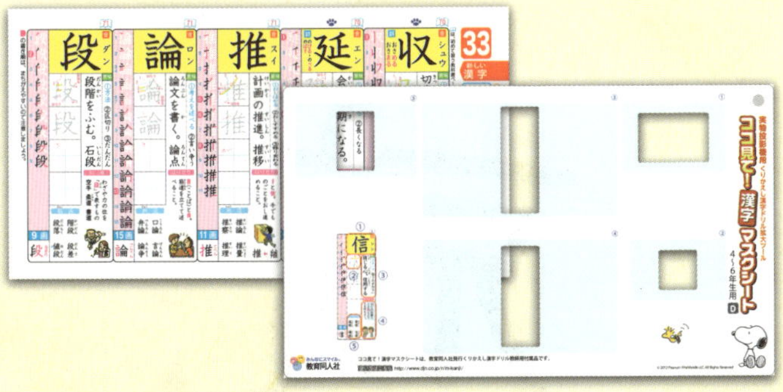

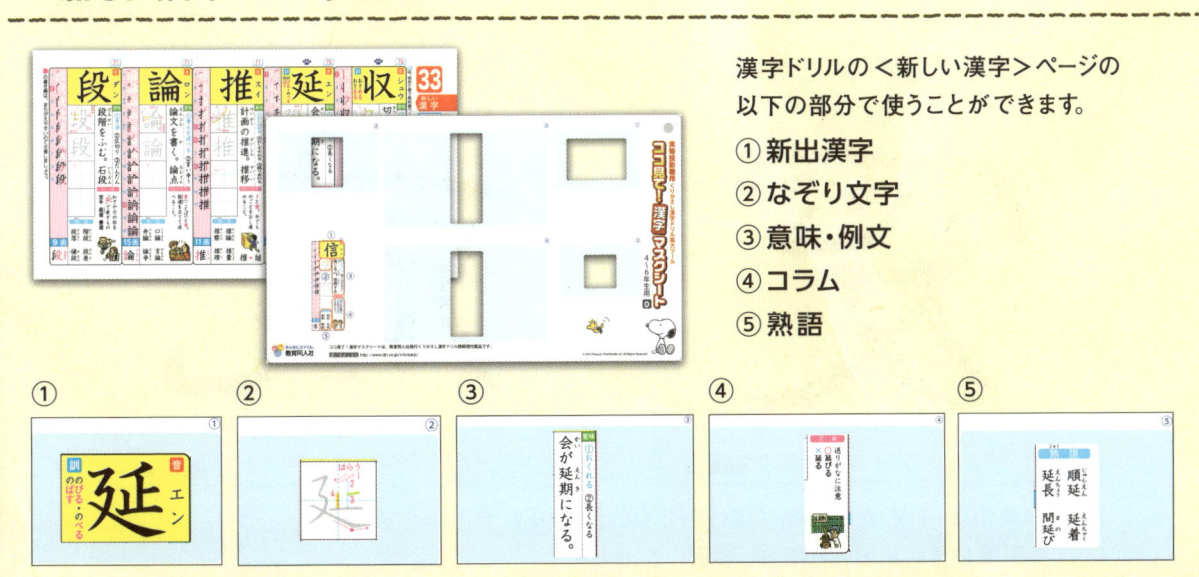

漢字ドリルの＜新しい漢字＞ページの以下の部分で使うことができます。

①新出漢字
②なぞり文字
③意味・例文
④コラム
⑤熟語

①

②

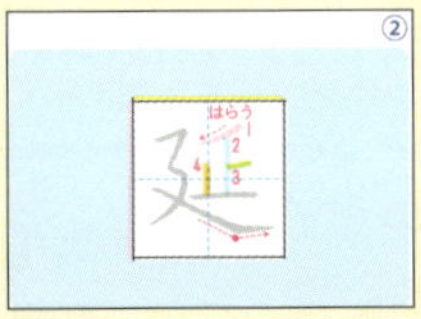

③

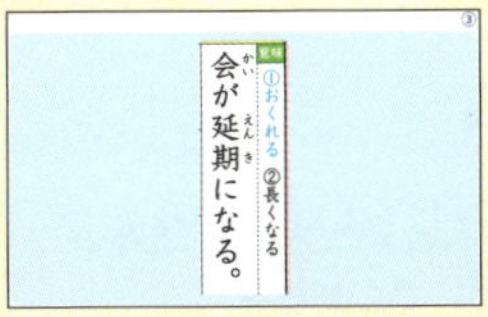

④

⑤

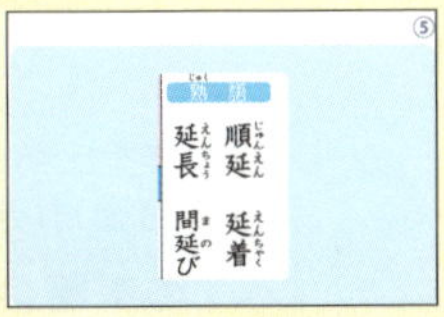

8 漢字ドリル 付属教材

ダウンロードプリント（無料サービス）

ダウンロードプリントは、ドリルの採用により無料で利用できるWebサービスです。ユーザー登録をすることで、プリントを必要なだけダウンロードすることができます。

1 全漢字プリント1006（1〜６年・2012枚）

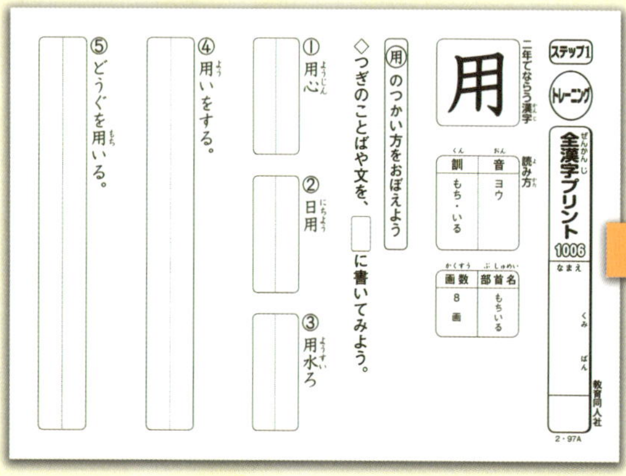
ステップ1 トレーニング
全漢字《ぜんかんじ》プリント 1006
なまえ くみ ばん
教育同人社
二年でならう漢字《かんじ》
用
読《よ》み方《かた》

音《おん》	訓《くん》
ヨウ	もち・いる

部首名《ぶしゅめい》	画数《かくすう》
もちいる	8画

用 のつかい方をおぼえよう

◇つぎのことばや文を、□に書いてみよう。

① 用心《ようじん》
② 日用《にちよう》
③ 用水《ようすい》ろ
④ 用《よう》いをする。
⑤ どうぐを用《もち》いる。

2・97A

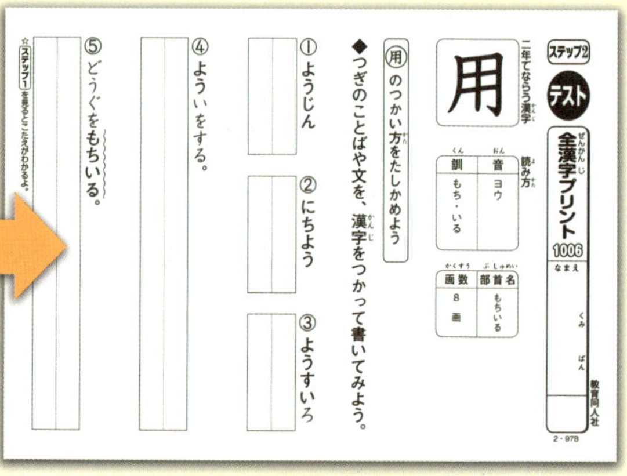
ステップ2 テスト
全漢字《ぜんかんじ》プリント 1006
なまえ くみ ばん
教育同人社
二年でならう漢字《かんじ》
用
読《よ》み方《かた》

音《おん》	訓《くん》
ヨウ	もち・いる

部首名《ぶしゅめい》	画数《かくすう》
もちいる	8画

用 のつかい方《かた》をたしかめよう

◆つぎのことばや文を、漢字《かんじ》をつかって書いてみよう。

① ようじん
② にちよう
③ ようすいろ
④ よういをする。
⑤ どうぐをもちいる。

☆ステップ1を見るとこたえがわかるよ。

2・97B

ステップ1で漢字を書いて練習し、ステップ2で覚えたか確認します。苦手な漢字を克服するための手段として、子供によって配るプリントを変えてもよいでしょう。

2 漢字カード（1〜６年・1006枚）

掲示用の漢字カードです。「とめ」「はね」「はらい」といった字形のポイントとすべての筆順番号が掲載されており指導に役立ちます。

3 漢字プリント（1～6年・284枚）

前学年の漢字を復習するためのプリントです。学習指導要領により、漢字は当該学年と次学年の2年間で身につけるよう求められています。漢字指導は当該学年の新出漢字に偏りがちですが、前の学年の漢字も同じく重要です。

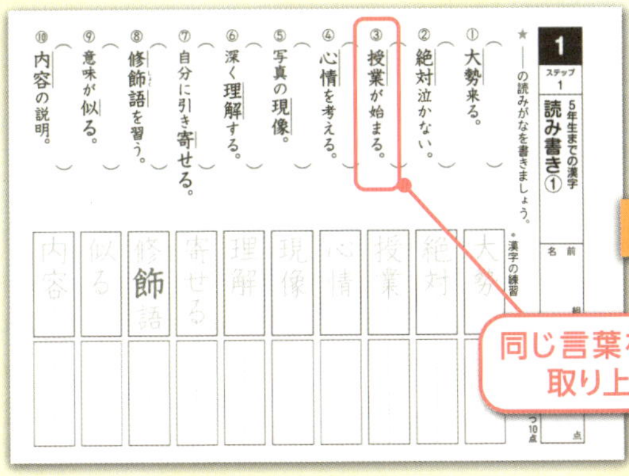
1 ステップ1 5年生までの漢字 読み書き①
名前 組 番 点
★ ——の読みがなを書きましょう。 ＊漢字の練習
① 大勢来る。
② 絶対泣かない。
③ 授業が始まる。
④ 心情を考える。
⑤ 写真の現像。
⑥ 深く理解する。
⑦ 自分に引き寄せる。
⑧ 修飾語を習う。
⑨ 意味が似る。
⑩ 内容の説明。

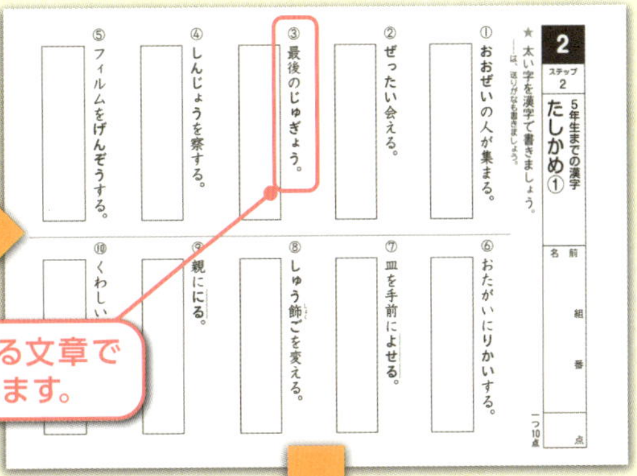
2 ステップ2 5年生までの漢字 たしかめ①
名前 組 番 点
★ 太い字を漢字で書きましょう。
① おおぜいの人が集まる。
② ぜったい会える。
③ 最後のじゅぎょう。
④ しんじょうを察する。
⑤ フィルムをげんぞうする。
⑥ おたがいにりかいする。
⑦ 皿を手前によせる。
⑧ しゅう飾ごを変える。
⑨ 親ににる。
⑩ くわしい

同じ言葉を異なる文章で取り上げています。

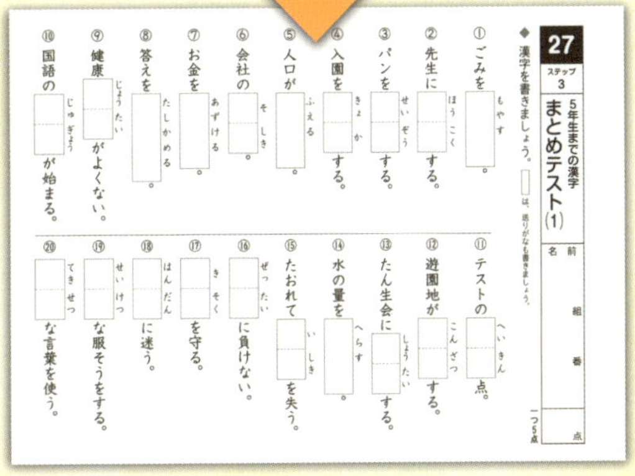
27 ステップ3 5年生までの漢字 まとめテスト(1)
名前 組 番 点
◆ 漢字を書きましょう。
① ごみを（もやす）。
② 先生に（ほうこく）する。
③ パンを（せいぞう）する。
④ 入園を（きょか）する。
⑤ 人口が（ふえる）。
⑥ 会社の（そしき）。
⑦ お金を（あずける）。
⑧ 答えを（たしかめる）。
⑨ 健康（じょうたい）がよくない。
⑩ 国語の（じゅぎょう）が始まる。
⑪ テストの（へいきん）点。
⑫ 遊園地が（こんざつ）する。
⑬ たん生会に（しょうたい）する。
⑭ 水の量を（へらす）。
⑮ たおれて（いしき）を失う。
⑯ （ぜったい）に負けない。
⑰ （きそく）を守る。
⑱ （はんだん）に迷う。
⑲ （せいけつ）な服そうをする。
⑳ （てきせつ）な言葉を使う。

ステップ1 読み書き
漢字の読みがなを書いたあと，漢字を書いて練習します。

ステップ2 たしかめ
漢字を正しく書けるか確認。ステップ1と同じ言葉を異なる文で活用します。

ステップ3 まとめテスト
ステップ1・2で練習した漢字が定着しているかテストで確認します。

4 標準字体と許容の形（各学年1枚）

「とめ」か「はらい」かなど、許容範囲が広い漢字の字形の例をまとめています。

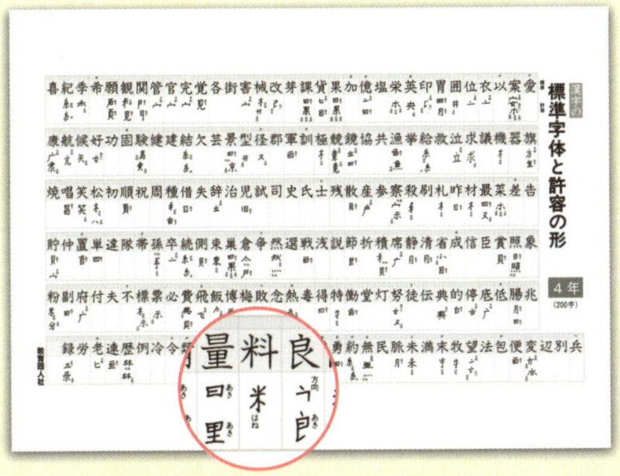
標準字体と許容の形 4年（200字）
教育同人社
量 料 良

5 配当漢字表（各学年1枚）

学習した漢字に色を塗って達成感を味わわせるなど、使い方はいろいろです。

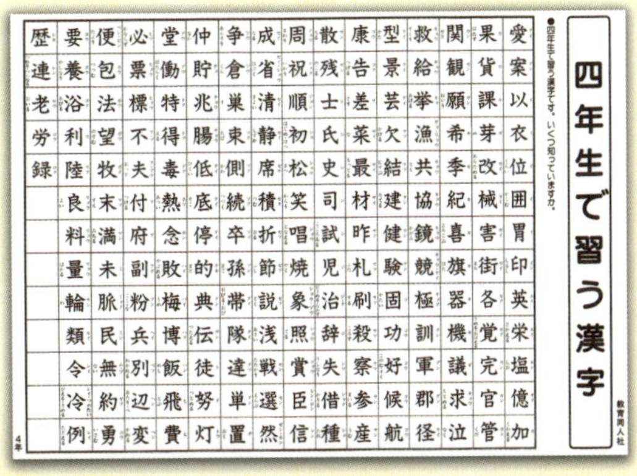
四年生で習う漢字
●四年生で習う漢字です。いくつ知っていますか。
愛案以衣位囲胃印英栄塩億加
果貨課芽改械害街各覚完官管
関観願希季紀喜旗器機議求泣
救給挙漁共協鏡競極訓軍郡径
型景芸欠結建健験固功好候航
康告差菜最材昨札刷殺察参産
散残士氏史司試児治辞失借種
周祝順初松笑唱焼象照賞臣信
成省清静席積折節説浅戦選然
争倉巣束側続卒孫帯隊達単置
仲貯兆腸低底停的典伝徒努灯
堂働特得毒熱念敗梅博飯飛費
必票標不夫付府副粉兵別辺変
便包法望牧末満未脈民無約勇
要養浴利陸良料量輪類令冷例
歴連老労録
教育同人社

9 漢字ドリル 関連教材

『漢字スキル』(書き込み式ドリル)

本書で取り上げている『くりかえし漢字ドリル』(以下ドリル)は、基本的にノートに練習するための教材なので、誌面に直接書き込むスペースはあまりありません。これに対して、書き込みができる、『漢字スキル』(以下スキル)という教材もあります。

基本構成はドリルと同じ

<新しい漢字>のページで漢字を覚えて、<読む><書く>のページで練習するという流れは同じです。そのため学年が変わって、使う教材のタイプが変わっても、子供たちが大きく戸惑うことはありません。

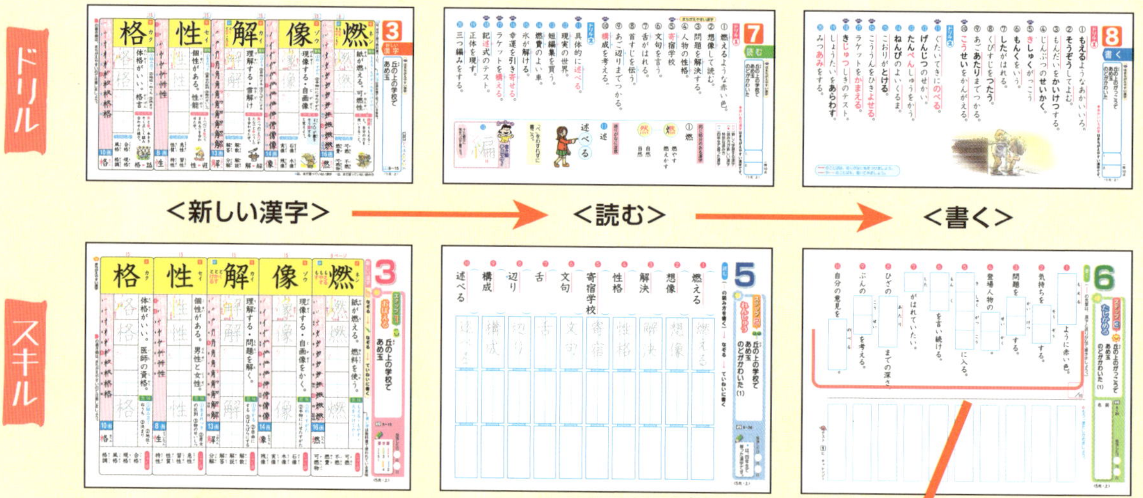

同じ文でミニテスト。

<書く>のページに対応したミニテストも

漢字ドリルには『漢字のたしかめ』というミニテストがありますが、漢字スキルにもミニテストが付属しています。<書く>のページと同じ文を使った問題になっており、漢字練習の成果を確かめることができます。

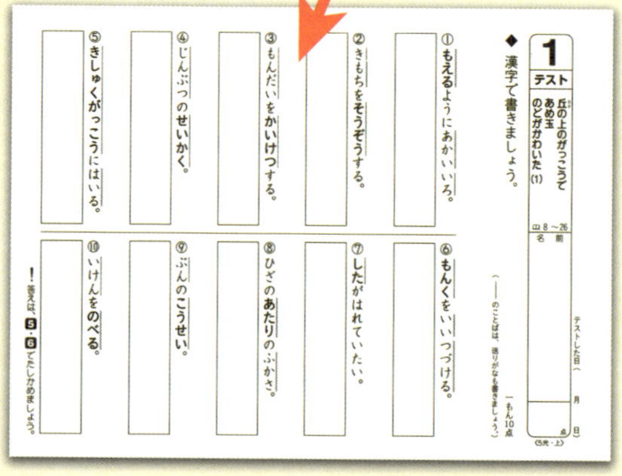

1 テスト
丘の上のガッこうで あめ玉 のどがかわいた (1)
◆漢字で書きましょう。
(――のことばは、送りがなも書きましょう。)
①もえるようにあかいいろ。
②きもちをそうぞうする。
③もんだいをかいけつする。
④じんぶつのせいかく。
⑤きしゅくがっこうにはいる。
⑥もんくをいいつづける。
⑦したがはれていたい。
⑧ひざのあたりのふかさ。
⑨ぶんのこうせい。
⑩いけんをのべる。
！答えは、5・6でたしかめましょう。
テストした日(月 日)
名前
一もん10点
(5光・上)

＜新しい漢字＞のページ構成もほぼ同じ

「読み」や「例文・熟語」、「筆順」「画数」「部首」「意味」と、漢字学習に必要な情報はドリルと同様に網羅されています。
また、スキルは直接書ける練習欄がドリルよりも多くなっています。

ドリル

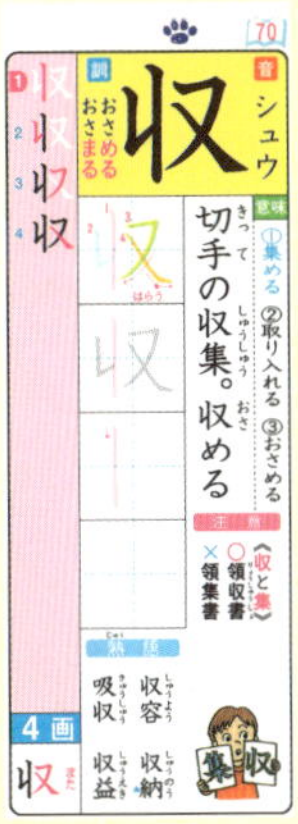

スキル

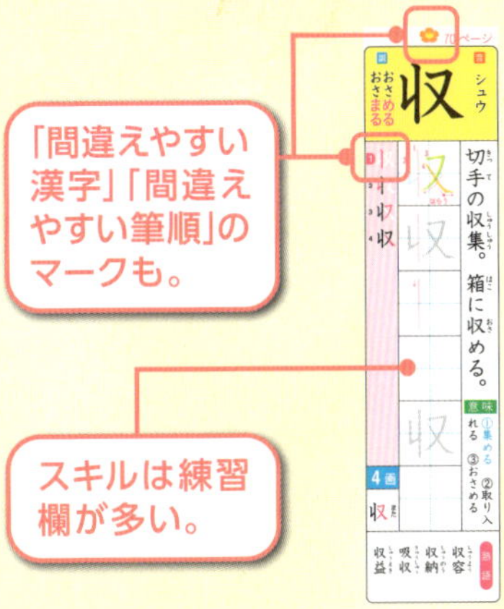
「間違えやすい漢字」「間違えやすい筆順」のマークも。
スキルは練習欄が多い。

スキルは書き込みスペースが充実

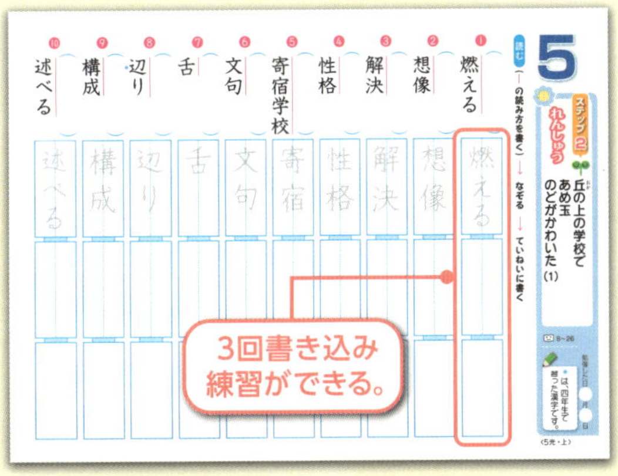
3回書き込み練習ができる。

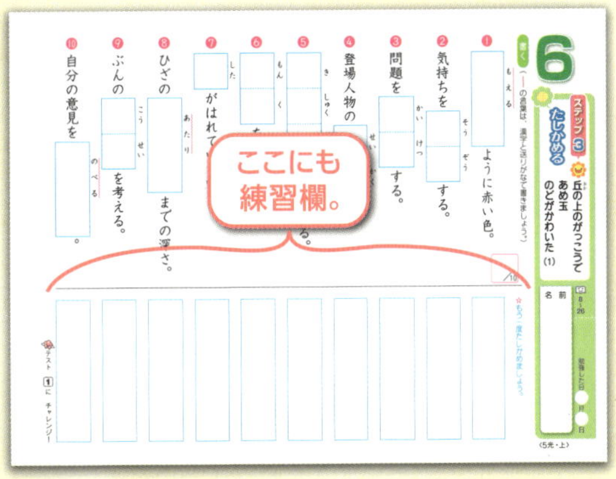
ここにも練習欄。

スキルは1サイクルが小刻み

ドリルは＜読む＞＜書く＞の問題数が1ページ20問です。一方、スキルは書き込みスペースを確保するために10問になっています。そのため、＜新しい漢字＞→＜読む＞＜書く＞の1サイクルがドリルよりも小刻みになっています。

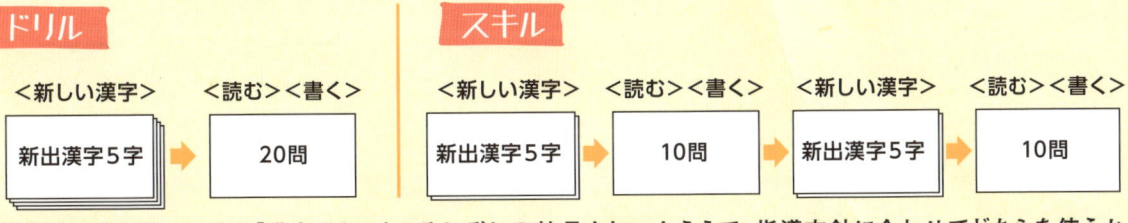

ドリル

＜新しい漢字＞ 新出漢字５字 → ＜読む＞＜書く＞ 20問

スキル

＜新しい漢字＞ 新出漢字５字 → ＜読む＞＜書く＞ 10問 → ＜新しい漢字＞ 新出漢字５字 → ＜読む＞＜書く＞ 10問

『くりかえし漢字ドリル』と『漢字スキル』のそれぞれの特長を知ったうえで、指導方針に合わせてどちらを使うか決めましょう。

10 その他

『「学校教材活用法」リーフレット』

本書で扱っている漢字ドリルをはじめとした学校教材の特長や使い方は、ベテランの先生にとっては当然のノウハウかもしれませんが、若手の先生方にもきちんと伝わっているでしょうか。
学校教材活用指導法研究会では、これまであまり明示されてこなかった学校教材の活用法をリーフレットにまとめました。校内研修や研究にお役立てください。
無料で配布していますので、ぜひお申し込みください。

★「学校教材活用法」リーフレットのラインナップ

くりかえし漢字ドリル（基本編）

授業→宿題→ミニテストでの漢字ドリルの使い方など。

くりかえし計算ドリル（基本編）

授業→宿題→ミニテストでの計算ドリルの使い方など。

ワークテスト（基本編）

ワークテストの種類と構成、単元の評価までの流れなど。

ドリルとノート指導

宿題のノートの指導、授業で使うノートの指導など。

ドリルの宿題

漢字ドリル・計算ドリルを使った宿題の出し方など。

ワークテストを活用した評価

ワークテストを使った評価のコツ、集計ソフトなど。

朝学習でのドリル活用

朝学習における漢字ドリル・計算ドリルの使い方など。

長期休業の宿題

夏休み・冬休み用の教材を使った宿題の出し方など。

フラッシュ型教材

フラッシュ型教材の使い方や作り方のコツなど。

国語辞典・漢字辞典

辞書指導の進め方や辞書選びのポイントなど。

★リーフレットの内容

中面の上段はベテラン先生が疑問に答えるQ&A。
下段に教材の活用法が掲載されています。

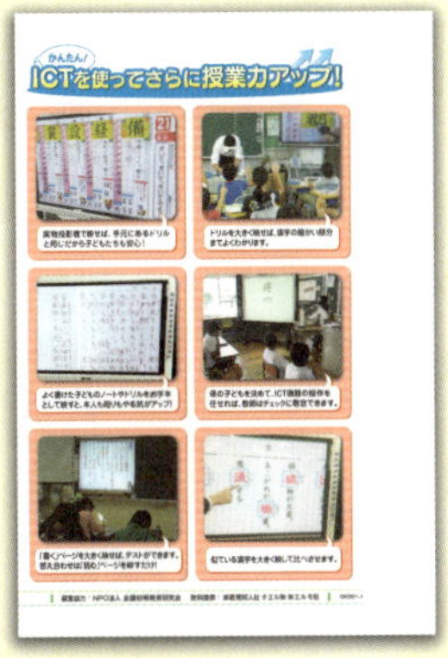

裏面では、発展的な実践例などを紹介しています。

★リーフレットの活用方法・保管方法

①自分の授業の実践に!　②校内研修や若手教師への指導に!

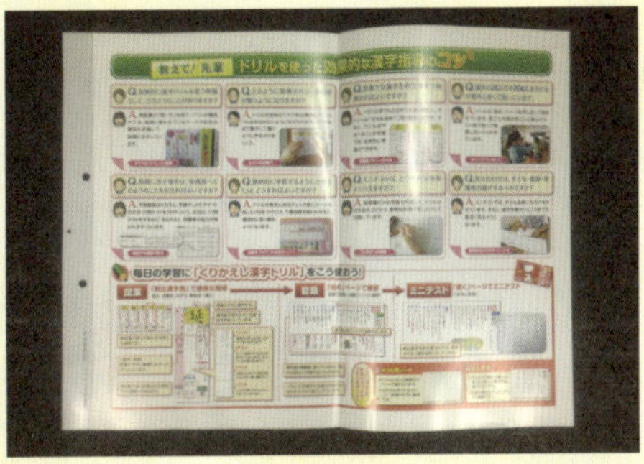

まとめてファイルに綴じて、机に置いておきましょう。ファイルに綴じたまま中面が見られるように作られているので、簡単に見返すことができます。

★リーフレットの入手方法

http://gakko-kyozai.jp/

①学校教材活用指導法研究会のWebサイト

研究会で行っている学校教材活用法セミナーなどの情報も満載です。

②教育同人社特約代理店

教育同人社の教材を扱っている教材販売店から取り寄せることもできます。

11 その他

『教材カレンダー』

＜表面＞

1 教材の種類と採択の時期が分かる！

表面は、教材の種類と採択時期を一望できるカレンダーになっています。年度の初めに採択することのない、夏休み・冬休み・年度末などの季刊教材も載っているので、年間を見通した指導計画を立てることができます。

教材をうまく組み込んで指導計画を立てると、学力向上にもつながります。

2 年間の予算を見通すことができる！

教材カレンダーを見ると、年間の予算も立てることができます。教材を採択する理由、使い方、予算を明確にすると、保護者にも説明がしやすくなります。

＜裏面＞

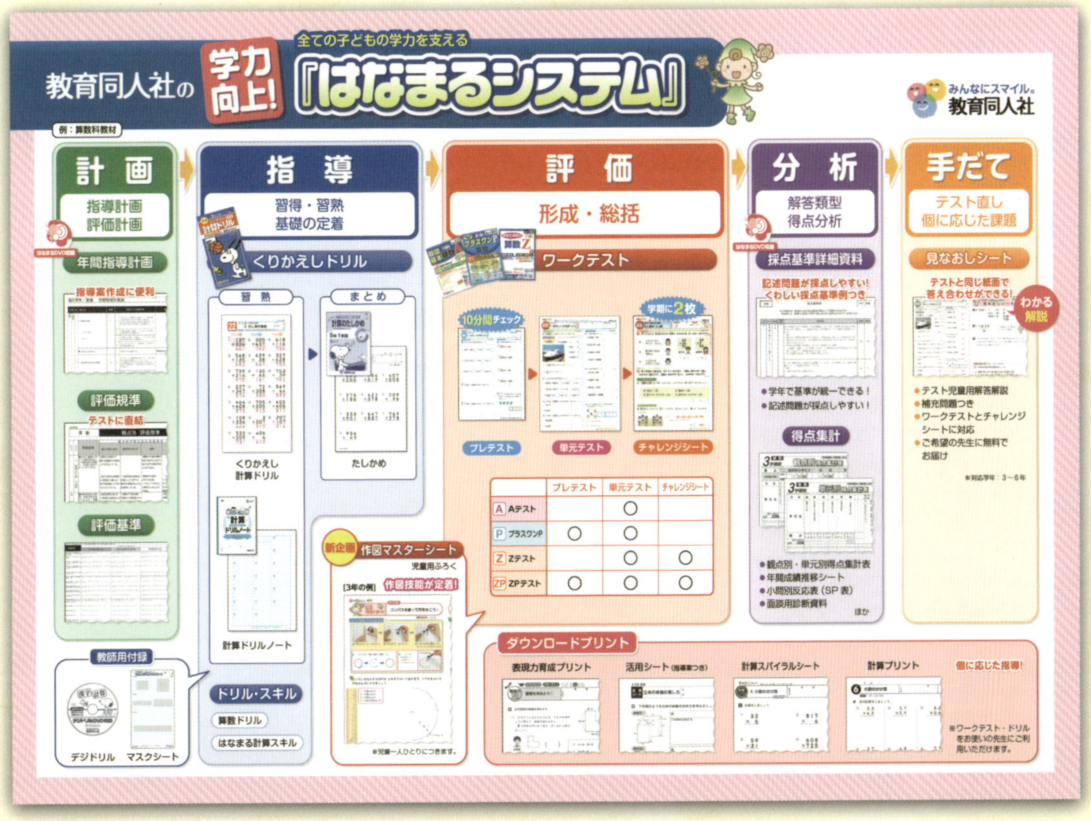

	プレテスト	単元テスト	チャレンジシート
A Aテスト		○	
P プラスワンP	○	○	
Z Zテスト		○	○
ZP ZPテスト	○	○	○

3 教材の役割とつながりを確認できる！

裏面では、教育同人社の『はなまるシステム』について紹介しています。『はなまるシステム』とは、日常の指導と評価を直結させることで、全ての子供の学力が向上すると考えて構築されたシステムです。

「計画→指導→評価→分析→手だて」の流れの中で、それぞれの教材が果たす役割、教材同士のつながりを確認できるので、より効果的に教材を活用することができます。

★『教材カレンダー』の入手方法

●教育同人社特約代理店

教育同人社の教材を扱っている教材販売店から取り寄せることができます。

「学校教材活用指導法研究会」とは…

http://gakko-kyozai.jp/

子供たちの基礎学力を支えている漢字ドリルや計算ドリル、的確な評価を行うためのワークテストといった「学校教材」。それを有効かつ効果的に活用した授業システムを確立させることによって、基礎基本と学び方を身に付けた子供たちを育てたいという思いから、教師と教材出版社が集まった研究会です。
教材の研究、セミナー開催、リーフレットの作成、配布などを手掛けています。

監　修　**堀田　龍也**（ほりた　たつや）　東北大学大学院情報科学研究科・教授

1964年生まれ。東京学芸大学教育学部卒業、東京工業大学大学院社会理工学研究科修了。博士（工学）。
東京都公立小学校・教諭、富山大学教育学部・助教授、静岡大学情報学部・助教授、独立行政法人メディア教育開発センター・准教授、玉川大学教職大学院・教授、文部科学省・参与等を経て、現職。
日本教育工学協会会長。2011年文部科学大臣表彰（情報化促進部門）。専門は教育工学、情報教育。
中央教育審議会初等中等教育分科会教育課程部会「道徳教育専門部会」委員、同「情報活用能力調査に関する協力者会議」委員、同「学校教育の情報化に関する懇談会」委員、同「教育研究開発企画評価会議」協力者等を歴任。
著書に『管理職のための「教育情報化」対応ガイド』（教育開発研究所）、『すべての子どもがわかる授業づくり －教室でICTを使おう』（高陵社書店）、『フラッシュ型教材のススメ』（旺文社）など多数。

執筆者

堀田　龍也　東北大学大学院情報科学研究科・教授
曾我　　泉　東京都練馬区立中村西小学校・主幹教諭
小暮　敦子　東京都三鷹市立第六小学校・主幹教諭
丹野　優子　東京都立川市立第二小学校・主任教諭
遠藤裕美子　東京都世田谷区立山野小学校・主任教諭
吉野　和美　静岡県富士市立丘小学校・主幹教諭
笠原　晶子　前橋市教育委員会青少年課児童文化センター・係長
土井　国春　徳島県三好郡東みよし町立足代小学校・教諭
狩野　絹子　静岡県静岡市立服織小学校・教諭
宮﨑　　靖　富山県砺波市立砺波東部小学校・教諭
渡邉　光浩　宮崎県北諸県郡三股町立三股西小学校・教諭
菅野　牧子　北海道札幌市立山の手南小学校・教諭
大城　智紀　沖縄県国頭郡恩納村立山田小学校・教諭

取材協力

北海道札幌市立幌西小学校
東京都練馬区立中村西小学校
東京都立川市立第二小学校

資料提供

株式会社教育同人社
チエル株式会社
株式会社エルモ社

監修者以外の所属は、2014年3月31日現在です。

そうだったんだ！学校教材①
ベテラン先生直伝　漢字ドリルの活用法
ISBN　978-4-87384-210-3

2014年2月10日　初版発行
2014年6月25日　第2版発行
監　修　堀田　龍也
著　者　学校教材活用指導法研究会
発行者　森　　達也
発行所　株式会社 教育同人社　　www.djn.co.jp
〒170-0013 東京都豊島区東池袋4-21-1アウルタワー2F
TEL 03-3971-5151　　Email webmaster@djn.co.jp

装丁・デザイン　エヌ・ビー・エフ株式会社
イラスト　藤田　忍
印刷・製本　図書印刷株式会社